선생님·부모님용 안전교육지침서 2탄

어린이 안전 365일

허 억 지음

도서출판 신원

● 선생님, 부모님께 드리는 글

우리 선생님께. 부모님께 대단히 죄송스런 질문을 하나 드리겠습니다.
사람이 평생을 살면서 번개에 맞아 사상 당할 확률은 1/600만 이라고 합니다.
그러면 선생님과 부모님께서, 선생님과 부모님의 사랑하는 가족들이 1년간 삶을 살면서 교통사고 당할 확률은 얼마나 되겠습니까?

상당히 높습니다.
지난 2021년 보험업계의 통계에 따르면 교통사고로 죽거나 부상당한 사람은 무려 190만명을 넘습니다. 이 190만 명을 전체 인구가 대략 5,200만 명으로 잡고 나누어 보면 3.6%가 나옵니다. 즉 대한민국에 살고 있는 모든 분들은 1년 기준 28명중 1명꼴로 교통사고로 사상되고 있는 셈입니다.
"설마 그럴까."하는 생각이 들 정도로 오싹하고 무서운 느낌이 듭니다.

선생님과 부모님께서 현재 가장 신경 써야 하는 부분은 바로 나 자신과 우리 가족, 내 제자의 안전입니다.
이제부터라도 "무서운 안전사고가 나 자신, 우리가족, 심지어 내 자녀의 코앞까지 와있다."는 생각으로 위기의식을 갖고 안전사고 유형과 예방법을 충분히 습득하신 후에 가족들에게, 제자들에게 안전교육을 철저히 시켜주십시오.

최상의 보호를 받아야 할 어린이들이 매년 교통사고 등 안전사고와 영유아돌연사 증후군, 아동학대, 부모의 비관에 따른 자녀 타살 등으로 400여명씩 사망하고 있습니다. 한국의 출산율이 2021년 기준 0.8에 불과할 정도로 세계 최저임에도 힘들게 낳은 아이들을 우리 어른들이 제대로 보호하지 못하여 400여명씩 사강케하는 작금의 현실을 조속히 개선해야 합니다.
우리 어린이들은 안전하고 건강하게 잘 자랄 권리가 있고 우리 어른들은 안전한 환경을 만들어 줄 의무가 있습니다.

미국의 유명한 컨설팅 기관인 맥켄지의 안전교육 효과성 연구에 따르면 실제 사고사례 중심의 안전 교육만 꾸준히 실시해주면 안전사고는 88%까지 예방할 수 있는 것으로 나타났습니다.

이제부터 "설마 사고가 나겠어"라는 안일한 생각대신 "만에 하나 사고가 날 수 있다"는 생각으로 내 제자가, 내 자녀가 안전할 때 안전교육을 꾸준히 시켜주셔야 합니다.

"설마 ~ "라는 생각을 갖고 있으면 위협이 눈에 보이지 않습니다.

"주위에서 발생한 안전사고는 또 난다","내 자녀에게, 내 제자에게 발생할 수 있다"는

생각으로 동일 유형의 사고 원인과 예방법을 숙지하신 후 역시 또 안전 교육을 시켜주셔야 합니다.

내 자녀, 내 제자의 안전사고 예방을 위하여 안전 교육만큼 좋은 보약은 없습니다.

"선생님이, 부모님이 안전 지식을 먼저 습득하신 후 꾸준하게 양질의 보약을 복용시켜주십시오"

이런 노력과 비례하여 우리 자녀는, 우리 제자는 각종 안전사고의 공포로부터 벗어나 안전하게 잘 성장해 나갈 것입니다.

내가 절실히 바라는 부분이 있으면, 바라시는 만큼 노력을 해주셔야 합니다.

내 자녀, 내 제자의 안전은 선생님, 부모님의 몫입니다.

2022년 6월

허 억

목 차

I 앗 이럴때 이렇게 대처하세요

1. 열이 날 때

1) 해열제를 복용하여야 하는 경우

- 체온이 섭씨 38도 이상이거나 이전 열성 경련이 있었던 경우에 먹인다.

2) 해열제 사용 시 주의할 점

- 정확한 양을 4~6시간 간격을 두고 투여한다.
- 영유아가 자고 있을 때는 깨워서 투여하지 않는다.
- 영유아가 평상시처럼 잘 먹고 잘 놀며 잠을 잘 자는 경우에는 해열제를 투여하지 않아도 된다.

3) 미지근한 물로 닦아주기

- 해열제를 먹인 후 미지근한 물에 물수건을 적셔 아이의 목 윗부분, 등, 겨드랑이 순으로 내려가며 닦아준다.
- 아이가 몸을 떨며 오한을 느낄 경우 중지한다.

2. 머리를 부딪혔을 때

1) 피가 나는 경우

- 상처가 심한 경우 119에 구급차를 요청한다.
- 소독한 거즈로 상처부위를 덮는다.
- 머리와 어깨를 약간 위로 올린 자세로 눕힌다.
- 상처 주변을 약간 강하게 압박하여 지혈한다.

2) 혹이 생긴 경우

- 유아를 안정시킨다.
- 차가운 수건이나 냉찜질팩으로 냉찜질을 한다.
- 병원으로 이송한다

3) 즉시 병원에 이송해야 하는 경우

- 의식이 희미하거나 없는 경우
- 귀나 코에서 혈액이나 맑은 액체가 흘러나오는 경우
- 호흡이 이상하거나 하품이나 딸꾹질을 자주 하는 경우
- 두통과 구토가 반복되는 경우
- 손발의 동작이 이상하거나 좌우 눈동자의 크기가 다른 경우

4) 외부에 손상이 없는 경우

- 시간이 지나며 이상 증상이 나타날 수 있으므로 주의 깊게 관찰한다.
- 평소와 다른 모습을 보이지 않는다면 걱정하지 않아도 된다.

【 주의 사항 】

- 꼭 이동을 해야 하는 상황이 아니라면 유아를 함부로 움직이게 하지 않는다.
- 머리에서 상처가 난 경우에는 다른 부위보다 피가 많이 나므로 침착하게 행동하며 지혈을 한다.
- 귀나 코에서 혈액이나 맑은 액체가 흘러나오는 것을 막으면 압력이 높아질 수 있으므로 막지 않는다.

3. 눈을 다쳤을 때

1) 눈에 모래나 먼지가 들어간 경우

- 눈물을 흘리게 하여 자연적으로 빠지게 한다.
- 이물질이 들어간 눈을 아래쪽으로 보게 한다.
- 생리식염수나 깨끗한 물을 눈에 부어 씻어낸다.

2) 눈을 부딪친 경우

- 냉찜질 한다.
- 119에 구급차를 요청한다.

3) 눈을 찔린 경우

- 이물질을 제거하지 않는다.
- 찔린 눈을 종이컵이나 붕대로 도넛 모양을 만들어 보호한다.
- 눈을 보호하면서 이물질이 움직이지 않도록 붕대를 감는다.
- 119에 구급차를 요청한다.

【 주의 사항 】

- 영유아들이 눈에 이물질이 들어가거나 아플 때 눈을 비비지 않도록 한다.
- 눈에 화학약품이 들어간 경우 119에 전화하여 전문가의 지시에 따라 처리한다.

4. 코에 이물질이 들어간 경우

1) 코에 이물질이 들어간 경우

- 입과 이물질이 들어있지 않은 쪽의 콧구멍을 막아주며 코를 세게 풀어보게 한다.
- 이물질이 빠지지 않으면 무리하게 빼내려 하지 말고, 병원에 간다.

2) 귀에 작은 벌레가 들어간 경우

- 어두운 곳에서 손전등을 비춘다.
- 베이비 오일을 한두 방울 귓속에 떨어뜨린 후 가볍게 마사지 한다.
- 귀를 아래쪽으로 향하게 하여 이물질이 밖으로 나오게 한다.

【 주의 사항 】

- 곤충의 종류를 모르는 경우에는 오일을 사용하는 방법을 쓴다.
- 고막에 염증 등으로 구멍이 있는 경우에는 오일을 사용하지 않는다.
- 면봉이나 귀후비개 등으로 이물질을 억지로 빼내려 하지 않는다.

5. 코피가 날 때

- 영유아를 의자에 앉게 하고 고개를 약간 앞으로 숙이게 한다.
- 코뼈 바로 밑의 코 부분을 두 손가락으로 5~10분간 꾹 누른다.
- 코피가 나오는 쪽의 콧구멍에 거즈를 둥글게 말아 너무 깊지 않게 막는다.
- 냉찜질 한다.

【 주의 사항 】

- 코피가 20분 이상 멈추지 않으면 빨리 병원으로 옮긴다.
- 외상 때문에 코피가 나는 경우라면 지혈을 하지 않는다.
- 코를 풀거나 코피를 삼키지 않도록 한다.

6. 치아를 다쳤을 때

- 거즈를 도톰하고 둥글게 말아 다친 부분에 물게 한다.
- 차가운 수건이나 냉찜질팩을 이용하여 냉찜질을 한다.
- 빠진 치아나 부러진 치아는 생리식염수나 우유에 담가 상태를 보존한다.
- 30분 이내에 병원으로 이송한다.

【 주의 사항 】

- 빠진 치아의 뿌리 부분을 절대로 만지지 않는다.
- 치아가 더럽다고 뿌리 부분을 문질러 닦지 않는다.

7. 이물질이 목에 걸렸을 때

1) 의식이 있는 경우 (하임리히법)

- 119에 신고하도록 요청한다.
- 혼자서도 기침을 할 수 있는 경우에는 스스로 기침을 하도록 유도한다. 이때, 처치자는 기침을 세게 하는 모습을 보여주어 따라 하도록 한다.
- 말을 하지 못하거나 숨을 쉬지 못하거나 기침을 하지 못하면 즉시 복부 밀쳐올리기를 시행한다.

2) 의식이 없는 경우(심폐소생술)

- 4분 이내 즉시 심폐소생술을 실시한다.
- 119에 신고하도록 요청한다.

8. 독극물을 마셨을 때

1) 의식이 있는 경우

- 삼킨 물질을 확인한다.
- 119에 전화하여 전문가의 지시를 따른다.
- 유아를 옆으로 눕혀 안전을 취하게 한다.

2) 의식이 없는 경우

- 119에 구급차를 요청한다.
- 유아를 옆으로 눕혀 안전을 취하게 한다.

【 주의 사항 】

- 병원에 갈 때에는 유아가 삼킨 물질이나 그 용기를 가져간다.
- 물질을 발견하지 못한 경우에는 구토물을 가져간다.
- 영유아가 삼킨 물질이 무엇인지 모를 때는 함부로 토하게 해서는 안 된다.

9. 가슴이나 배를 부딪쳤을 때

1) 외부에 손상이 없는 경우

- 시간이 지나며 증상이 나타날 수 있으므로 안정시키며 상태를 관찰한다.

- 평소와 다른 모습을 보이지 않는 경우 걱정하지 않아도 된다.

2) 병원에 가야 하는 경우

- 의식이 희미하거나 없는 경우
- 심한 통증이 있는 경우
- 얼굴이 파랗고 식은땀을 흘리는 경우
- 소변에 피가 섞여 나오는 경우
- 호흡이 이상하거나 구토, 딸꾹질을 하는 경우

【 주의 사항 】

- 절대로 음식물을 주지 않는다.
- 유아를 옆으로 눕힌 후 몸을 따뜻하게 해준다.

10. 팔 · 다리를 다쳤을 때

1) 피가 나지 않는 경우

- 부목을 사용하여 가볍게 붕대를 감는다.
- 부목이 없다면 골판지나 잡지를 활용한다.
- 부목으로 고정시킨 후 병원에 데리고 간다.

2) 피가 나는 경우

- 일회용 장갑을 낀다.
- 상처부위를 생리식염수나 흐르는 물로 씻어낸다.
- 상처부위를 소독한 거즈로 덮고 지혈된 뒤 압박붕대로 감는다.
- 부목으로 고정시킨 후 병원에 데리고 간다.

3) 염좌인 경우

- 다친 곳을 움직이지 않게 한다.
- 냉찜질팩을 이용하여 냉찜질을 한다.
- 다친 곳을 압박붕대로 감아준다.
- 피가 날 경우 다친 부위를 심장보다 높게 한다.

【 주의 사항 】

- 골절이나 탈구, 염좌가 의심되는 경우, 상처 부위를 주무르거나 자세를 함부로 바꾸지 않는다.
- 목이나 척추에 이상이 의심되는 경우에는 유아를 그대로 둔다.
- 의식이 없는 경우에는 119에 연락하고 가능한 한 빨리 병원으로 이송한다.
- 부목이 없는 경우에는 부목 대용품(쿠션, 담요, 신문지, 잡지 등)을 활용한다.

11. 상처가 나거나 멍이 든 경우

1) 긁히거나 까진 경우

- 생리식염수나 흐르는 물에 상처 부위를 씻어준다.
- 연고를 바르고 일회용 밴드나 거즈를 붙여준다.
- 심할 경우 병원에 가서 치료를 받도록 한다.

2) 멍든 경우

- 차가운 수건이나 냉찜질팩으로 냉찜질 한다.
- 상처 부위를 심장보다 높게 해 준다.

- 24시간 후에는 더운 찜질을 해 준다.
- 심하게 멍들거나 변형이 보이면 병원에 가서 치료를 받도록 한다.

3) 베인 경우

- 생리식염수나 흐르는 물에 상처 부위를 씻어준다.
- 소독한 거즈로 덮어 지혈한다.
- 병원에 간다.

【 주의 사항 】

- 상처부위를 함부로 소독하지 않는다.
- 포비돈 등을 얼굴에 바르지 않는다.
- 수술이 필요할 수 있으므로 물이나 먹을 것은 주지 않는다.
- 깊게 베여 병원에서 봉합수술을 받아야 할 경우 연고를 바르지 않는다.

12. 뾰족한 것에 찔렸을 때

1) 이물질에 찔린 경우

- 생리식염수나 흐르는 물에 상처부위를 씻어준다.
- 소독한 거즈로 덮어 지혈한 후 병원에 간다.

2) 가시에 찔린 경우

- 소독한 핀셋이나 족집게로 가시를 빼낸다.
- 상처부위를 살짝 눌러 피를 뺀다.
- 생리식염수나 흐르는 물에 상처부위를 씻어준다.
- 상처용 외용연고를 발라준다.

3) 이물질이 박힌 경우

- 이물질이 압정이나 못 등의 금속성 물질인 경우 한두 차례 뽑는 것을 시도한다.
- 너무 깊게 박힌 경우 뽑아내려고 하지 말고 그대로 고정한다.
- 119에 구급차를 요청한다.

【 주의 사항 】

- 나무나 가시 등 부서지기 쉬운 물질은 억지로 뽑아내지 않는다.
- 녹이 슨 못이나 압정에 찔린 경우 반드시 병원에 간다.
- 깊게 박힌 것을 빼지 말고 바로 병원에 간다.

13. 다쳐서 피가 날 때

1) 상처부위가 작은 경우

- 일회용 장갑을 낀다.
- 소독한 거즈나 깨끗한 천으로 상처부위를 완전히 덮고, 거즈에 손가락이나 손바닥을 대고 직접 압박한다.
- 거즈가 피로 젖으면 거즈를 제거하지 않고 거즈를 덧대어 압박한다.
- 상처에 댄 거즈 위에 붕대를 세게 감는다.
- 상처부위를 심장보다 높은 위치에 유지한다.

2) 상처가 넓거나 출혈이 심한 경우

- 출혈부위보다 심장이 가까운 쪽의 동맥을 강하게 누른다.

● 출혈부우와 직접 연결된 동맥을 강하게 압박한다.

【 주의 사항 】

● 유아는 한 컵(100~200ml) 이상 출혈하게 되면 생명이 위험해진다.

● 세균에 감염될 수 있으므로 상처나 드레싱 위에서 기침하거나 말하지 않는다.

● 출혈부위를 심장보다 높게 하고 가능한 한 빨리 병원으로 이송한다.

● 상처를 만지거나 상처에 닿는 부분의 드레싱은 손에 닿지 않도록 하여야 한다.

14. 화상을 입었을 때

1) 열에 의한 가벼운 화상의 경우

● 흐르는 차가운 물로 15분 정도 식혀준다. 유아가 심하게 떨거나 저체온이 의심될 경우는 멈추도록 한다.

● 상처에 항생제 연고나 화상용 연고를 발라준다.

● 상처 부위를 소독한 거즈로 덮어 준다.

2) 화학약품에 의한 화상인 경우

● 가루 형태인 경우 가루를 털어내고 액체 형태인 경우 생리식염수나 물로 씻어낸다.

● 화학약품이 눈에 들어 간 경우에는 응급처치를 받을 때까지 계속 물로 씻는다.

● 가능한 한 빨리 병원에 간다.

3) 화상 부위가 5~10cm 이상인 경우

- 119에 구급차를 요청한다.
- 흐르는 차가운 물로 15분 정도 식혀준다.
- 상처 부위를 소독한 거즈로 덮어 준다.
- 화상 부위를 제외하고 담요를 덮어 체온을 유지한다.
- 얼굴, 목, 성기 등 몸의 주요 부분의 화상을 입은 경우 빠르게 병원으로 이송한다.
- 전기나 화학제품에 의한 화상인 경우와 연기를 맡았다고 생각될 때 병원으로 이송한다.

【 주의 사항 】

- 물집은 세균에 의한 감염을 일으키므로 벗기거나 터트리지 않는다.
- 영유아는 화상 부위를 찬물에 10분 이상(체온손실로 저체온증 우려) 담그지 않는다.
- 모든 화상은 병원으로 이송하여 치료를 받아야 한다.

15. 감전되었을 때

- 전기와 접촉된 사람을 만지지 말고 즉시 전류를 차단한다.
- 119에 구급차를 요청한다.
- 의식이 있는지 확인한다.
- 의식이 있는 경우 유아의 몸을 담요 등으로 덮어 따뜻하고 편안하게 눕힌다.

【 주의 사항 】

- 전원 차단이 어려우면 막대나 고무장갑 등 비전도체를 이용하여

유아를 전기로부터 떼어 놓는다.

● 의식이 없는 경우 가능한 한 빨리 병원으로 이송한다. 구급차를 기다리면서 기도를 확보하고, 심폐소생술을 실시한다.

16. 물에 빠졌을 때

1) 의식이 있는 경우

● 젖은 옷을 벗긴다.

● 유아의 몸을 담요 등으로 덮어 체온을 유지한다.

● 옆으로 눕힌다.

● 119에 구급차를 요청한다.

2) 의식이 없는 경우

● 119에 구급차를 요청하여 가능한 한 빨리 병원으로 이송한다.

● 기도를 확보하고 담요 등을 이용하여 몸을 따뜻하게 한다.

● 구급차를 기다리면서 심폐소생술을 실시한다.

【 주의 사항 】

● 물에 급하게 뛰어들기보다는 튜브나 막대기를 활용하여 유아를 건져낸다.

● 배를 누른다거나 억지로 구토를 시키지 않는다.

● 골절이나 척추손상이 의심되는 경우에는 함부로 옮기지 않는다.

17. 물렸을 때

1) 다른 유아에게 물린 경우

- 깨물고 있는 유아의 코를 잡아 스스로 놓게 만든다.
- 피가 나면 지혈한다.
- 생리식염수나 흐르는 물에 씻는다.
- 냉찜질을 한다.

2) 개나 고양이에 물린 경우

- 119에 구급차를 요청한다.
- 소독한 거즈로 상처 부위를 압박하고 지혈한다.
- 출혈이 멈추면 흐르는 물에 씻는다.
- 소독한 거즈를 덮어 준다.
- 주인이 있는 동물의 경우 사후 사건처리를 위하여 동물 주인의 전화번호를 받아 놓는다.
- 동물에 물린 경우 세균감염 우려가 높으므로 반드시 병원에 가서 치료를 받는다.

3) 뱀에 물린 경우

- 119에 구급차를 요청한다.
- 유아를 옆으로 눕히고 진정시킨다.
- 상처 부위를 생리식염수나 흐르는 물에 부드럽게 씻어준다.
- 독이 퍼지지 않도록 물린 부위의 위(심장방향)로 5cm 부분을 손가락 한 개가 드나들 수 있을 정도로 탄력붕대를 감아준다.
- 상처 부위를 심장보다 낮게 하고 병원으로 이송한다.

【 주의 사항 】

● 개를 관찰하여 광견병 유무를 확인한다.

● 뱀에게 물린 경우 절대 음식이나 약물을 주지 않는다.

● 된장 등 다른 물질을 상처에 바르는 것은 도움이 되지 않는다.

18. 곤충에 쏘였을 때

● 벌침은 짜지 말고 얇은 카드로 밀어서 제거한다.

● 생리식염수나 흐르는 물에 씻는다.

● 항히스타민 연고를 바른다.

● 냉찜질 한다.

【 주의 사항 】

● 침 끝에 남아 있는 독이 몸 안으로 더 들어갈 수 있기 때문에 손으로는잡아당기지 않도록 한다.

● 심한 알레르기 반응으로 얼굴과 몸, 기도가 부어올라 호흡이 어려울 수 있으므로 쏘인 후 아이의 증상 변화를 살펴보아야 한다.

19. 추위나 더위에 오래 노출되었을 때

1) 추위에 노출 된 경우

● 젖은 옷이나 신발, 양말, 장갑은 벗긴다.

● 따뜻한 물이나 담요로 몸을 따뜻하게 해준다.

● 심각한 경우에는 병원에 가서 치료를 받도록 한다.

2) 더위에 노출 된 경우

- 의식이 있는 경우
  - 통풍이 잘 되며 그늘진 곳으로 옮긴다.
  - 옷을 벗기고 너무 차갑지 않은 물수건으로 머리, 얼굴, 겨드랑이를 식혀주고 다리를 올린 자세로 눕힌다.
  - 의식이 회복되면 차가운 이온음료를 주고 안정을 취하게 한다.
  - 의식이 희미해지거나 고열이 지속되는 경우에는 응급실로 가서 치료를받도록 한다.

3) 의식이 없는 경우

- 119에 구급차를 요청한다.
- 호흡을 확인하고 심폐소생술을 실시한다.

【 주의 사항 】

- 추위에 노출된 경우 피부를 직접 문지르지 않는다.
- 더위에 노출된 경우 차가운 생수를 주게 되면 근육경련이 일어날 수 있으므로 주의한다.

20. 손가락을 잘렸을 때

1) 손가락의 잘린 부분

- 손가락의 잘린 부분에 소독한 거즈를 두껍게 댄다.
- 지혈한 뒤 압박붕대로 감는다.
- 절단 부위를 심장보다 높게 한 채로 병원으로 이송한다.

2) 잘린 손가락(전단부분) 보존하기

- 잘린 손가락을 생리식염수로 적신 거즈에 싼다.
- 절단 부위를 감싼 거즈를 비닐봉지에 넣어 물이 들어가지 않도록 봉합한다.
- 얼음물이 든 비닐봉지나 용기에 봉합한 비닐봉지를 넣는다.
- 얼음물이 든 비닐봉지를 묶는다.

【 주의 사항 】

- 절단부위를 세게 만지거나 소독약 등을 바르지 않는다.
- 모든 병원에서 접합수술이 가능한 것이 아니므로 119의 도움을 받도록 한다.

21. 생선가시가 목에 걸렸을 때

- 입을 크게 벌리고 거울에 가시가 보이면 핀셋으로 집어 꺼낸다.
- 날달걀을 마시거나 식초물로 양치질을 하면 가시가 부드러워져 식도를 타고 내려갈 수 있다.

【 주의 사항 】

- 가시가 더 깊이 박힐 수 있으므로 민간요법은 사용하지 않는다.

22. 가스에 중독되었을 때

- 물에 적신 물수건으로 입과 코를 가린다.
- 창문을 열어 환기시킨다.
- 가스밸브를 잠근다.

● 환자의 옷을 느슨하게 하여 편안하게 누인 후 상태를 관찰한다.

23. 미끄러운 바닥에서 넘어졌을 때

● 머리와 가슴 쪽에 손상을 입었다면 쇼크 증세가 있는지 확인한다.

● 쇼크 증세가 왔을 때 피부는 차갑고 축축하며 창백해진다.

● 쇼크 증세가 없다면 상체를 일으켜 앉힌다.

● 출혈 부위가 있다면 압박해 준다.

【 주의 사항 】

● 쇼크 증세가 나타날 경우 다리를 상체보다 높게 올린 상태에서 척추를 고정시킨 채로 옆으로 눕힌다.

● 환자로 메스꺼움과 구토 증세를 호소하면 환자를 움직이지 말고 발견 당시의 자세로 고정시킨다.

24. 높은 곳에서 떨어졌을 때

● 환자의 코와 입에 귀를 대고 호흡을 정상적으로 하는지 확인한다.

● 환자가 의식이 없는 경우 턱을 들어 올려 기도를 유지한다.

● 환자가 움직이지 않도록 고정한 후 구조대에 연락을 취한다.

● 구조대가 도착하면 사고 발생 당시의 상황을 상세하게 설명해 적절한 조치를 받을 수 있도록 한다.

【 주의 사항 】

● 환자의 연령이 많을 경우 척추가 손상되거나 골반 골절이 오는 등 추가 증세를 보일 수 있으므로 유심히 관찰한다.

25. 뼈가 부러졌을 때

1) 다리가 골절된 경우

- 아이를 부드럽게 누이고 다리의 무릎과 발목을 받쳐준다.
- 다친 다리에 패드를 대어 고정시킨다.

2) 쇄골이 골절된 경우

- 아이를 부드럽게 앉히고 다친 쪽의 팔을 가슴부위에 걸쳐놓는다. 다치지 않은 손으로는 다친 쪽의 팔을 받치게 한다.
- 아이의 팔을 팔 걸대로 받쳐준다.
- 팔을 넓은 폭 붕대로 고정한다.

26. 발목을 삐었을 때

- 먼저 상처를 확인하고 피가 흐르면 세게 눌러서 피를 멎게 한다.
- 발목을 약간 높게 올리고 쉬게 한다.
- 삔 부위를 찬 물수건으로 냉찜질을 20분 이하로 한다.
- 심한 경우는 발목에 딱딱한 것을 받쳐 주고 탄력붕대로 감아준다.

27. 귀에 이물질이 들어갔을 때

1) 벌레가 들어간 경우

- 밝은 빛의 손전등을 귀에 비춰 벌레가 불빛을 보고 밖으로 나오게 한다.
- 죽은 벌레나 작은 물체가 귀에 들어간 경우에는 베이비오일을 한 두 방울 귀에 떨어뜨린 후 귀를 아래쪽으로 향하게 하면 오일에 묻어 밖으로 나온다.

2) 물이나 먼지가 들어간 경우

- 깨끗한 면봉으로 닦아낸다.

3) 딱딱한 물건이 들어간 경우

- 무리하게 빼내려고 하다 보면 더 안으로 들어갈 수 있으므로 병원으로 가는 것이 좋다.

28. 독물 등을 삼켰을 때

- 어린이가 독성이 있을 가능성이 있는 물건을 삼켰을지 모르는 의심이 들 경우 실제로 삼켰다고 생각하고 구조를 요청한다.
- 입 주위에 화상을 입은 자국이 있을 경우 독물을 삼켰다는 증거이므로 대응하는 처치를 한다.
- 어린이가 삼켰다고 의심 가는 물질과 포장 용기를 찾아내어 보관한다.

【 주의 사항 】

- 어린이가 의식이 있어도 토하게 해서는 안 되며, 만약 독물이 조직을 부식시키는 물질인 산이나 휘발유, 독한 세척제 등이면 물이나 우유를 마시게 한다.
- 어린이가 토할 경우 몸을 옆으로 뉘어서 토한 것으로 인한 질식을 방지한다.

II 감염병 질환 시 대응 방법

1. 코로나19

1) 코로나19 증상과 전파 방법

- 증상으르 발열, 기침, 인후통, 호흡곤란, 가래, 설사 등이 나타난다.
- 전파방법은 감염된 사람의 기침, 재채기, 말을 할 때 발생한 비말(침방울)이 다른 사람을 감염시킨다.

2) 이상 증상 발생 시 조치사항

- 어린이집 원아 또는 보육 교직원 증상 발생 시 등원을 중단한다.
- 어린이집에 즉시 연락 및 타인과 접촉을 피하고 집에서 3~4일간 경과를 관찰한다.
- 38도 이상 고열 지속 시 또는 증상이 심해지면 인근 보건소, 선별진료소 등으로 문의한다.

3) 코로나19 예방법

- 흐르는 물에 비누로 꼼꼼하게 손을 자주 씻는다.
- 기침이나 재채기할 때 옷소매로 입과 코를 가린다.
- 씻지 않은 손으로 눈 · 코 · 입을 만지지 않는다.
- 발열, 호흡기 증상자와의 접촉을 피한다.
- 외출 시 마스크를 착용한다.
- 사람이 많은 곳의 방문을 자제한다.

4) 어린이집에서 확진자 발생 시 휴원 및 폐쇄 기준

- 아동 또는 교직원 종사자가 확진자 또는 접촉자인 경우 지자체에 신고하여 시설 일시 폐쇄 또는 출입금지 조치 여부를 문의한다.

- 확진자 발생 시 확진 일로부터 14일간 경과 또는 원내 접촉자가 모두 음성 판정 또는 자가격리 해제 시까지 일시 폐쇄 유무를 문의한다.
- 휴원 시 긴급 보육을 제공하고 등원중단, 업무배제, 발열체크, 외부인 출입자제, 소독 등 감염 예방 조치를 철저히 시행한다.

5) 자가 격리 대상자 동거인 생활 수칙

- 최대한 자가격리 대상자와 접촉하지 않는다.
- 불가피하게 자가격리 대상자와 접촉할 경우 마스크를 쓰고 2m 이상 거리를 둔다.
- 자가격리 대상자와 독립된 공간에서 생활하고, 공동으로 사용하는 공간을 자주 환기 시킨다.
- 물과 비누 또는 손세정제를 이용하여 손을 자주 씻는다.
- 자가격리 대상자와 생활용품 구분하여 사용한다.
- 테이블 위, 문 손잡이, 욕실기구, 키보드, 침대 옆 테이블 등 손길이 많이 닿는 곳의 표면을 자주 닦는다.
- 자가격리 대상자의 건강상태를 주의 깊게 관찰한다.
- 자가격리 대상자의 동거인(가족 등)이 많은 사람과 접촉 및 집단시설 관련 종사자는, 자가격리자가 격리해제 될 때까지 스스로 업무를 제한할 것을 권고한다.

2. 전염성 감염병

- 교사가 감염성질환의 종류와 초기증세 등을 먼저 숙지하고 부모님에게도 알려주고 가정에서 이상증상 발생 시 즉시 어린이집으로 연락토록 안내한다.

병 명	초기 증상	잠복기간	격리기간
뇌막염	고열, 두통, 구토, 전신에 보라색 반점, 의식의 혼동이 옴	14~21일	증상소멸
수 두	발열, 발진, 물집이 생김	10~21일	딱지소멸
홍 역	발열 발진, 콧물, 재채기 결막염, 홍반성 반점	9~13일	발진소멸
백일해	열이 없고 밤에 기침이 심함	7~14일	기침 끝
풍 진	가벼운 감기 같고, 발열과 발진이 일어남	10~21일	증상소멸
볼거리	발열, 귀밑이 부어오름	7~21일	부기소멸
유행성 결막염	눈이 붓고 흰자위가 충혈 되며 눈곱이 많이 생김	7일	증상소멸
감염성 설 사	설사의 횟수가 많고, 변이 물 같고, 열과 감기 증상을 동반함	2~4일	증상소멸
수족구병	38℃ 정도의 고열, 1~2일간에 입속, 손바닥, 발바닥에 수포가 생김	3~6일	증상소멸
독감	38℃ 이상의 고열, 두통, 기침, 인후통, 가래	1~3일	정상체온 회복
결핵	2주 이상 지속되는 호흡기 증상(기침, 가래) 및 전신 증상이 있는 경우, 발열, 쇠약, 식욕부진, 소화불량	1~2년	의사진단 완치판결

- 원아가 고열, 발진, 설사 등 감염성 질환의 증세가 의심되면 바로 보건실로 격리 조치한다.
- 전염을 예방하기 위하여 원아들을 이동 시킨 후 보육실 소독을 실시한다.
- 부모님 동의 후 병원진료에서 전염성 감염 질환 확정시 완치까지 등원치 않고 집에서 치료 받도록 한다.
- 부모님께 병원서 완치되어 전염성이 없다는 의사 소견서나 진단서를 제출 시 다시 등원할 수 있음을 안내한다.
- 원아의 상태에 따라 다음 1~4단계별 대응방법을 먼저 숙지한 후 부모님께 안내한다.

1단계 (감염병 의심 영유아 발생)	2단계 (의료기관 진료 및 보고)	3단계 (가정격리 및 감염 최소화)	4단계 (완치 및 등원)
(어린이집 발병) · 원장님께 보고 · 보건실격리 (가정 발생) · 병원으로 연락 · 병원진료 확인	(어린이집 발병) · 보호자에게 연락 후 의료기관 진료안내 · 부모님은 진료 후 → 어린이집에 알리기 (가정 발생) · 부모님은 진료 후 → 어린이집에 알리기	(가정 발생) · 감염 확진 영유아 가정보육 진행 · 어린이집 내 수준 높은 소독 및 세척 실시 · 각 가정에 감염병 질환에 대한 내용 공지 ※ 형제일 경우 함께 격리 (가정 발생) · 감염 확진 영유아 가정보육 진행	감염병 완치 후 어린이집 등원 시 의사의 진단서 및 소견서 지참 후 등원 하도록 함

3. 비전염성 감염병

- 전염성이 없는 단순 열, 구토, 복통, 설사, 발진 등 발생 시 보건실로 이동, 휴식을 취하토록 한다.
- 원아의 상태를 보며 해열제 등 간단한 응급조치를 실시한다.
- 상태가 좋지 않으면 보호자에게 연락을 취한 후 병원에 진료토록 한다.
- 원아의 상태에 따라 다음 1~4단계별 대응방법을 먼저 숙지한 후 부모님께 안내한다.

구분	1단계 (등원 : 건강체크)	2단계 (안정)	3단계 (간호 및 귀가)	4단계 (병원진료 및 가정 휴식)
열	· 하루일과 중 매일 오전 체온측정 · 열이 있는 경우 주기적으로(1시간) 체온측정	· 38℃ 이상의 고열이 지속 시 보건실 연락 · 휴식 취하며 미온수 마사지 및 체온관찰 ※ 열 경련 경력이 있는 영유아는 즉각 부모님께 연락	· 열관리 처치를 시행하였음에도 지속적으로 고열이 지속 될 경우 · 원장님에게 보고 → 부모에게 연락	· 부모와 병원진료 · 부모의 병원 진료가 힘들 경우 부모의 동의하에 보건실에 비치된 해열제 응급 투약
오심 및 구토	· 의식 상태 확인 · 오심 증상 확인 · 체온 측정	· 오심 및 구토 증상이 지속 시 보건실에서 휴식 취하며 관찰 · 탈수 예방 위해 소량의 수분 보충	· 휴식 · 안정을 취했음에도 구토가 지속될 경우 · 원장님에게 보고 → 부모에게 연락	· 부모와 병원진료 · 알코올 소독후 이물질 제거 이후 다시 한번 알코올 소독 실시, 주변을 플루건으로 전체 소독 실시 (추가 감염예방)
복통 및 설사	· 섭취 음식 확인 및 배 마사지 · 체온 측정	· 복통 및 설사 증상이 지속되면 보건실 휴식 및 관찰 · 미온수 공급	· 휴식 · 안정을 취했음에도 복통과 설사가 지속 될 경우 · 원장님에게 보고 → 부모에게 연락	· 부모와 병원 진료 · 주변(화장실)을 플루건으로 전체소독 실시
발진	· 발진 양상 확인 · 면 소재 옷 착용 (시원한 복장) · 체온 측정	· 몸 전체 확인 후 필요시에는 세척 및 보습제 사용, 냉찜질 시행	· 휴식 · 안정을 취했음에도 발진이 지속될 경우 · 원장님에게 보고 → 부모에게 연락	· 부모와 병원 진료

Ⅲ. 응급상황시 심폐소생술법

1. 심정지 및 기도 폐쇄 대처 방법

기본소생술 순서

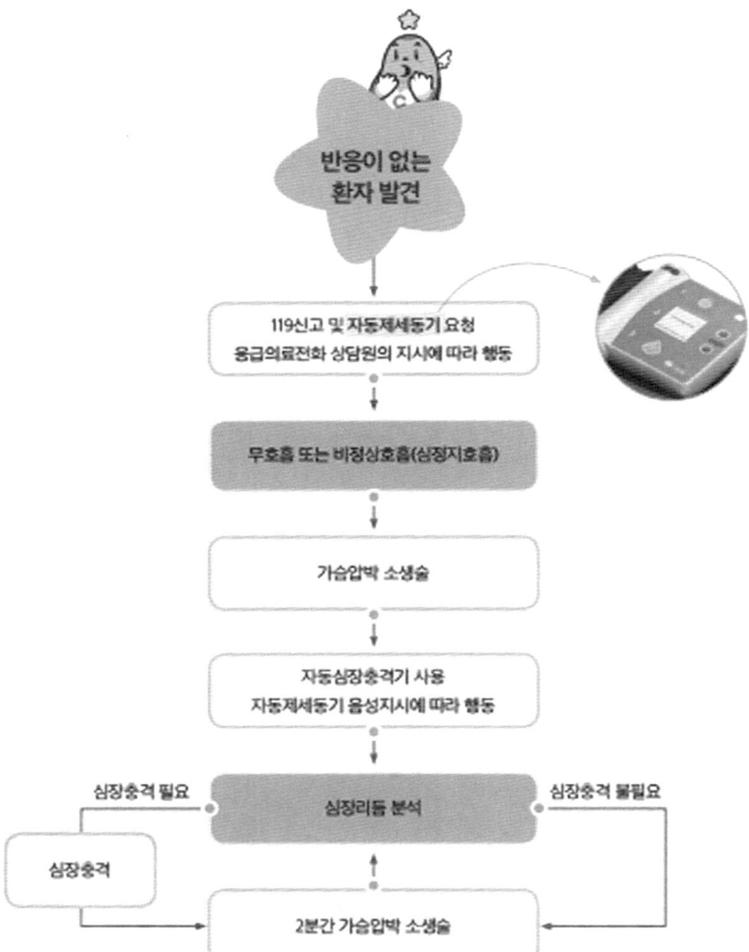

2. 심폐소생술 방법

1) 0세~1세

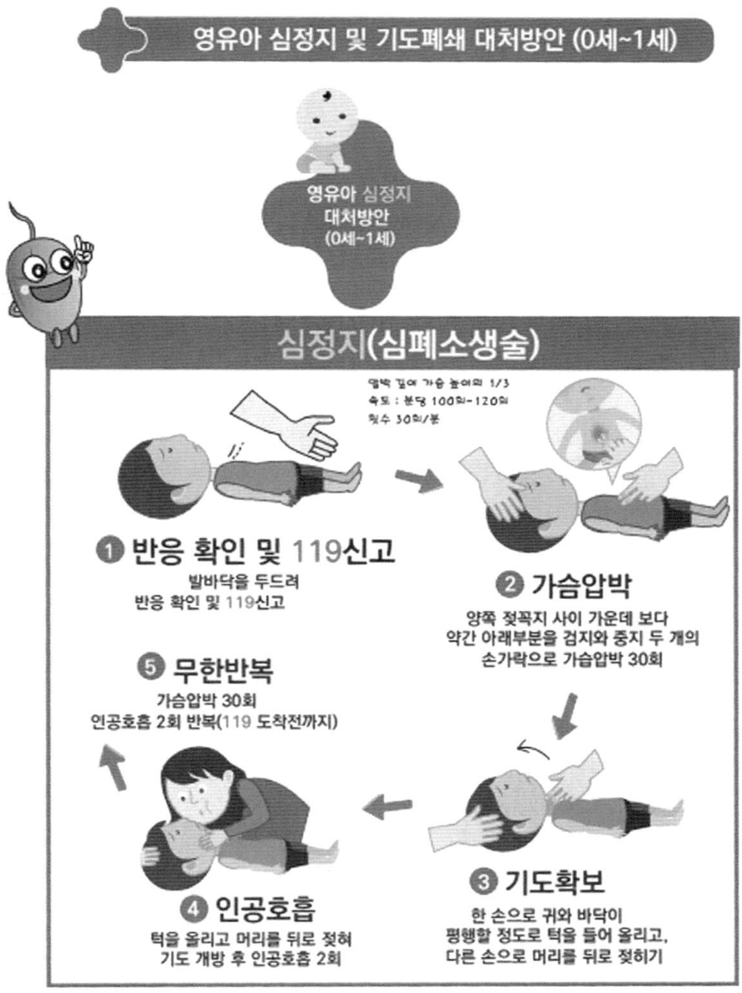

영유아 기도폐쇄 대처방안 (0세~1세)

기도폐쇄 (등두드리기와 가슴압박)

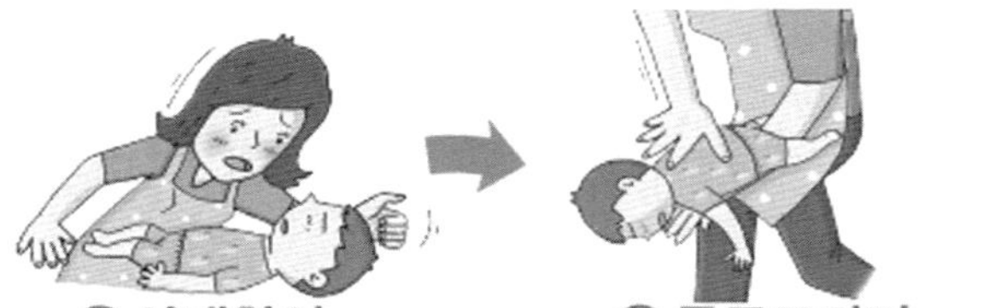

❶ 상태확인

건강상태 체크(숨소리, 얼굴색) 및 119 신고

❷ 등두드리기

허벅지 위에 머리가 아래로 향하게 엎드려 놓은 뒤 손 바닥 밑부분으로 등의 중앙부를 5회 두드림

❸ 가슴압박

양쪽 젖꼭지 사이 가운데 보다 약간 아래부분을 두 개의 손가락으로 가슴압박 5회

❹ 무한반복

등두드리기 5회, 가슴압박 5회 무한반복 (이물질이 제거되거나 119 도착전까지)

기도폐쇄(하임리히법)

❶ 유아상태 확인 및 119 신고

❷ 보육교직원은 아동의 뒤에 서서 아동의 허리를 두 팔로 감싸 안기

❸ 한손은 엄지손가락 부분이 유아의 위장부분을 누르도록 주먹을 쥐고, 다른 한손을 주먹을 감싸고 빠르게 위로 밀어 올리기

※유아가 기침을 하거나 숨을 쉴 수 있을 때, 119 가 도착할 때까지 반복

2) 2세~5세

영유아 심정지 및 기도폐쇄 대처방안 (2세~5세)

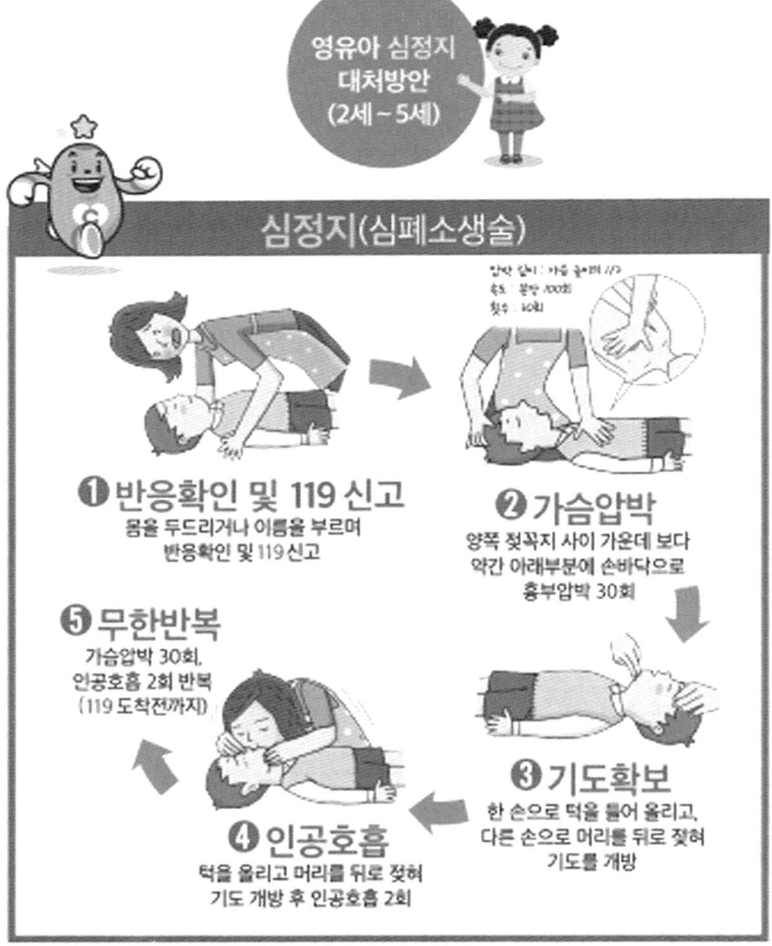

3) 자동제세동기 사용 방법

자동세제동기(AED)사용법

자동제세동기(automated external defibrillator, AED)는
심정지 환자의 심장리듬을 정산으로 회복시켜 주는 장비이며,
의학지식이 부족한 일반인도 쉽게 사용할 수 있도록 만들었음

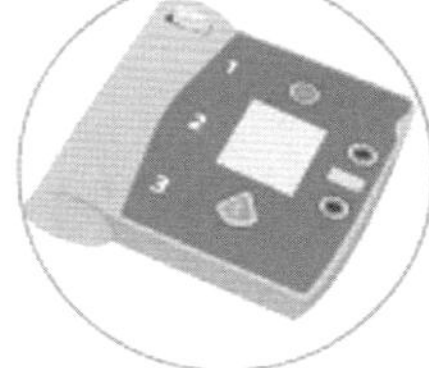

※제세동기 준비 시 주의사항

심폐소생술을 멈추지 말고 계속 진행해야 한다.

❶ 전원켜기

자동제세동기의 전원을 켠다.

❷ 두 개의 패드 부착

**유아의 경우 우측 패드는 오른쪽 빗장뼈 밑에, 좌측 패드는 왼쪽 중간 겨드랑이 밑에 붙인다.
엄마의 경우 좌측 패드는 가슴 앞에, 우측 패드는 등에 부착한다.**

❸ 심장 리듬 분석

물러나라는 신호가 나오면, 모두 물러나게 한다.

3. 긴급상황 시 부모에 대한 조치 방법

- 다치거나 아픈 영유아의 상태를 부모에게 알린다.
- 병원치료가 필요한 경우 학부모와 협의 후 병원으로 이송하고, 상황을 부모에게 안내하며 부모가 병원에 올 수 있는 상황이면 함께 같이 간다.
- 부모가 병원에 오지 못하는 경우라면 병원에서 진료상황을 부모에게 상세히 안내를 한다.

4. 응급상황 발생 시 관계기관 전화번호 알기

1) 화재 및 재난 발생

- 소방서 : 119
- 경찰서 : 112
- 도시가스 고객센터 : 1544-0009

2) 안전사고 발생

- 인근 응급실, 소아과, 이비인후과. 외과, 내과, 안과, 치과 등 전화번호를 명기한다.

3) 돌발상황 발생

- 아동학대 보호전문기관, 경비업체 전화번호를 명기한다.

4) 코로나 유관기관

- 인근 보건소, 병원, 선별진료소 전화번호를 명기한다.

Ⅳ. 어린이 안전사고 유형별 예방법

1. 교통사고

1) 이면도로의 안전한 보행법

차를 등지고 통행하는 것이 차를 보면서 통행하는 것보다 사고 위험이 4배나 높습니다.

○ 좁은 도로에서 차가 오면 우선 멈춘 다음 길 안쪽으로 몸을 붙여서 차가 지나갈 때 까지 서 있습니다.

○ 횡단보도는 우측통행이 안전하지만 일반도로는 좌측통행이 안전합니다.

○ 천천히 걷는 경우보다 뛰는 경우 사고 위험이 7배, 자동차 사이 또는 자동차 앞, 뒤로 뛸 경우 사고 위험이 18배나 높습니다.

2) 안전한 도로 횡단 5원칙

어린이 교통사고의 50%가 보행 중 사고이므로 반드시 다음 〈안전한 도로 횡단 5원칙〉을 꼭 지켜야 합니다.

① 우선 멈춥니다.

○ 길을 건널 때나 차도로 나갈 때에는 뛰지 말고 우선 멈추는 습관을 기릅니다.

② 좌 · 우 차를 봅니다.

③ 횡단보도의 우측에서 운전자를 보며 손을 듭니다.

○ 횡단보도는 차가 왼쪽에서 오기 때문에 오른쪽 통행이 보다 안전합니다.

○ 손을 드는 것은 "제가 먼저 갈 테니 멈추어 주세요!" 하는 의사 표시이므로 처음에는 왼손을, 반쯤 지나서 오른손을 45도로 운전자를 보며 들어줍니다.

○ 대각선 통행은 걷는 길이가 길어지며, 어린이가 뛰도록 유도하기 때문에 오히려 더 위험합니다.

④ 〈자동차 멈춤〉을 확인합니다.

○ 보행자 초록불이 들어와도, 손을 들어도, 그냥 지나치는 차가 있으므로 꼭 자동차 멈춤을 확인합니다.

⑤ 건너는 동안 차를 계속 보면서 건넙니다.

○ 운전자가 멈추려는 브레이크를 밟으려다 빨리 가게 하는 액셀러레이터를 밟을 수도 있으므로 차를 계속 보면서 건넙니다.

3) 빈발하는 10가지 사고 유형과 예방법

① 무단횡단 사고

○ 무단횡단을 하지 않아야 합니다.
길을 건널 때는 반드시 횡단보도나 육교, 지하도로 건너야 합니다.

○ 우리는 왜 횡단보도, 육교, 지하도로 건너야 하나요?
길을 건널 때는 반드시 횡단보도, 육교, 지하도를 이용합니다. (보다 안전한 횡단보도로 건넌다).

○ 무단횡단을 할 때 어떤 일이 일어날까요?
예측할 수 없는 교통사고가 일어납니다.

② 신호등 있는 횡단보도 사고

○ 신호등이 빨간색일 때 길을 건너거나 초록색불이 들어오자마자 뛰는 경우는 위험합니다.

○ 항상 횡단보도 오른쪽에 서서 손을 들어 자동차 멈춤〉을 확인하고 건너갑니다. (운전자와 눈을 맞추고 건너기).

○ 초록색 불이 들어오자마자 뛰면 위험할까요?
신호등이 빨간 불일 때 건너가거나, 초록 불이 들어오자마자 뛰는 경우는 위험합니다.

○ 자동차의 멈춤을 확인할 때 운전자와 눈을 맞추고 건너야 하는 이유는 무엇일까요?
항상 횡단보도의 오른쪽에 서서 손을 들어 〈자동차 멈춤〉을 확인한 후 건너갑니다.

③ 신호등 없는 횡단보도 사고

○ "내가 먼저 갈까?","저 차를 먼저 보낼까?" 하다가 서로 양보해 주겠지! 하며 먼저 가려다 사고가 나므로 반드시 손을 들어 자동차 멈춤을 확인한 후 건너갑니다.

○ 서로 누가 먼저 양보해 주겠지 하며 건너가면 될까요?
양보하면 좋겠지만 서로 그러지 못할 경우 위험하기 때문에 자동차 멈춤을 확인한 후 건넙니다.

○ 신호등이 없는 횡단보도에서 자동차의 속도는 왜 빠를까요?
운전자의 시야가 단순해지며, 신호등이 없기에 안심하고 달립니다.

④ 주 · 정차된 자동차 사이 횡단 사고

○ 찻길을 건너기 위해 주차된 자동차 사이에서 갑자기 뛰어 나오면 차에 가려 어린이가 안 보이므로 사고 위험이 18배나 높습니다.
그러므로 사이로 걷거나 뛰지 않습니다.

○ 주차된 차와 차 사이에 찻길을 건너기 위해 무엇을 먼저해야 하나요?
좌우를 살펴보며 천천히 확인한 후 찻길을 건넙니다.

○ 주차된 차와 차 사이에 갑자기 뛰어들면 사고 위험이 높은 이유가 뭘까요?
세워둔 자동차 사이에서 갑자기 뛰어 나오면 차에 가려 어린이가 안 보여서 사고위험이 18배나 높아지므로 차 사이로 걷거나 뛰지 않습니다.

⑤ 갑자기 뛰어나오다 발생한 사고

○ 공이 찻길로 가거나 길 건너편에서 친구가 불러도 갑자기 뛰어들지 말고 항상 차가 오지 않는지 확인한 다음 손을 들고 건너갑니다.

○ 찻길 옆에서 공놀이를 할 이유가 있나요?

○ 길 건너 친구가 불러도 안전하게 건너는 방법은 무엇일까요?
공이 찻길로 가거나 길 건너편에서 친구가 불러도 갑자기 뛰어들지 말고 항상 차가 오지 않는지 확인한 다음 손을 들고 건너간다.

⑥ 버스의 바로 앞뒤 횡단 사고

○ 버스 앞뒤로 횡단 시 버스에 가려 어린이가 보이지 않으므로 반드시 버스가 지나간 다음 손을 들고 〈자동차 멈춤〉을 확인한 후 건너갑니다.

○ 횡단보도에 대형 자동차 앞을 건널 때 운전자의 눈높이는 어디에 있을까요?
길 건너는 어린이는 운전자보다 아래 위치에 있기에 다른 곳을 볼 수 있습니다.

○ 버스가 멈춰 있는 것을 확인하고, 그 다음 무엇을 해야 하나요?
운전자의 눈을 맞추며 손을 들고 길을 건너야 합니다.

⑦ 큰 차가 회전하다 나는 사고

○ 큰 차가 돌 때 그 안쪽에 어린이가 서 있으면 앞바퀴에는 사고가 나지 않아도 뒷바퀴에 사고가 날 수 있으므로 큰 차가 지나갈 때는 차와 멀리 떨어져 있어야 합니다.

○ 회전하는 큰 자동차 앞바퀴와, 뒷바퀴의 흐름에는 어떤 차이가 있을까요?

대형 자동차는 회전각도에 차이가 있어 앞바퀴보다 뒷바퀴에 사고가 날 수 있습니다.

○ 자동차가 회전할 때 길모퉁이는 왜 위험할까요?

자동차의 길이에 따라 예상할 수 없는 경우가 발생합니다.

⑧ 차 뒤, 밑에서 놀다 나는 사고

○ 운전자가 운전석에 앉아 있으면 차 뒤, 옆이 보이지 않으며 멈춰 있는 차는 항상 뒤로 움직이므로 차 뒤, 옆에서 놀지 않아야 합니다.

○ 내가 운전자라면, 자동차 주변을 살펴볼 때, 위험한 곳 은 어딜까요?

가장 위험한 곳은 자동차의 뒤입니다.

앞과 뒤, 자동차의 좌, 우 옆을 살펴봅니다.

○ 자동차 주변에서 놀면 왜 위험한가요? 또 뒤와 옆은 왜 더욱 위험할까요?

운전자는 운전석에서 밖을 완전하게 살펴보기 어렵습니다. 그러므로 뒤와 옆은 운전자 시야가 잘 확보되지 않으므로 차 뒤, 옆에서 놀지 않아야 합니다.

⑨ 보호 장구 장착 안 해 일어난 사고

○ 자동차를 탈 때 위험한 앞좌석에 앉지 않으며, 뒷좌석에도 반드시 보호 장구나 안전벨트를 매야 합니다.

○ 사고가 날 때 앞좌석이 더 위험한 이유는 왜일까요?
앞좌석에는 앞에 보호할 도구가 없습니다.
앞좌석은 사고 시 앞으로 튕겨 나갈 수 있습니다.

○ 보호 장구나 안전벨트는 자동차의 어디에 있나요?
좌석의 옆, 아래 혹은 좌우 지점에 있습니다.

⑩ 자전거, 킥보드, 인라인스케이트 사고

○ 자전거는 안장에 앉아서 발끝이 땅에 닿는 상태로 타며, 반드시 헬멧과 무릎보호대를 착용하고, 차가 다니지 않는 안전한 장소에서 타야 합니다.

○ 자전거를 탈 때 헬멧과 무릎보호대를 착용하고 타는 이유는 왜, 일까요?
헬멧과 무릎보호대는 자신의 신체 보호대이며 사고 발생 시 생명에 위협을 받지 않도록 하기 위함입니다.

○ 킥보드나, 인라인스케이트를 탈 때 꼭 갖추어야 할 안전 장비는 무엇일까요?
주간: 헬멧과 무릎보호대는 필수이며 위험 신호를 알려 줄 수 있는 소리 은도구나 이동용 딸랑이가 있으면 더욱 좋습니다.
야간: 주간 보호 장비 외 자신을 알려줄 불빛이나 반사판이 꼭 있어야 합니다.

4) 날씨가 안좋을 때 안전한 보행법

① 비바람 불 때 안전한 보행법

○ 비 올 때 안전한 보행법

비 올 때는 날씨가 어두워지므로 흰색, 노란색과 같은 밝은 옷을 입습니다. 한 손에 우산, 한 손에 가방을 들 경우 위험한 상황에 대처하는 능력이 떨어지므로 반드시 가방은 어깨에 매도록 합니다.

특히 비가 와서 날씨가 어두울 때는 야광가방을 매는 것이 좋습니다.

우산은 눈보다 높이 들어 전방을 모두 볼 수 있어야 하며 우산을 밑으로 숙이며 땅을 보면서 걷는 것은 매우 위험합니다.

횡단보도에서 초록 신호를 기다릴 때도 평상시보다 연석선에서 2보 더 뒤로 물러나 있어야 합니다. 이는 자칫 달리는 차가 우산을 치면서 갈 수도 있기 때문입니다.

비가 그친 후 우산은 밑을 향하도록 하며 우산을 갖고 친구와 장난쳐서는 안 됩니다.

○ 바람 불 때 주의할 사항

심한 바람에 모자나 우산이 차도로 날아간다면 어떻게 해야 할까요?

시험지나 성적표는 반드시 손에 들지 않고 가방에 넣어야 합니다.

이는 자칫 바람에 시험지나 성적표가 차도로 날아가면 어린이는 순간적으로 차도로 뛰어들 위험이 매우 높기 때문입니다.

어깨를 곧게 펴고 고개를 들어 앞을 보면서 걷습니다.

② 눈 오고 날씨가 추울 때 안전한 보행법

○ 눈 올 때 안전한 보행방법

눈 올 때는 길이 미끄러워 넘어질 수 있으므로 항상 차와 멀리 떨어져 걸어야 합니다.

눈 올 때도 날이 어두워지므로 노란색과 같은 밝은 색 옷을 입으며 하얀색 옷은 입지 않아야 합니다.

털모자, 털목도리를 하는 것은 몸을 따뜻하게 해 줌은 물론 혹시 미끄러워 넘어질 경우 완충역할을 할 수 있어 보다 안전합니다.

신발은 미끄러운 구두보다는 홈이 파여 있는 운동화가 더 안전하며 뛰지 말 고 차를 보면서 천천히 걸어가야 합니다.

안개가 낄 때 역시 날이 어두우므로 밝은 옷을 입고 주위를 살피며 걸어야 합니다.

○ 날씨가 추울 때 지켜야 할 사항

양손을 주머니에 넣으면 위험한 상황에 대처할 수 있는 능력이 떨어집니다. 따라서 반드시 장갑을 끼고 손을 빼고 걸어야 합니다.

계단을 오르내릴 때에도 절대 주머니에 손을 넣으면 안됩니다.

자칫 넘어질 경우 손으로 짚지 못해 머리가 크게 다칠 수 있습니다.

날이 추우면 몸이 움츠러들고 고개를 숙여 땅을 보면서 걷게 되므로 어깨를 펴고 전방을 보면서 걷습니다.

5) 안전한 보행을 위한 3가지 습관

① 우선 멈추는 습관

항상 길을 건널 때 뛰지 않도록 하기 위하여 우선 멈추는 습관을 기릅니다.

② 운전자와 눈 맞추는 습관

손을 들어 운전자와 눈을 마주친 다음 차가 멈추는 것을 확인하는 습관을 기릅니다.

③ 차를 계속 보면서 건너는 습관

건널 때에도 차를 계속 보는 습관을 기릅니다.

6) 자전거 사고 예방법

● 자전거의 안전한 이용법

○ 3가지 준비사항 점검하기

① 몸에 맞는 자전거를 선택

자전거를 타고 발을 뻗었을 때 발이 땅에 닿아야 자신의 몸에 맞는 크기의 자전거입니다.

② 안전한 복장 입기

밝은 색 옷을 입어야 운전자 눈에 잘 띕니다.

너무 긴 바지나 치마는 체인에 끼일 수 있어 위험하므로 입지 않습니다.

샌들, 슬리퍼 등 벗겨지기 쉬운 신발, 체인에 말릴 수 있는 긴 목도리 등을 착용하고 타는 것은 매우 위험합니다.

③ 헬멧과 무릎보호대를 반드시 착용

머리를 보호하기 위해 자신의 머리 크기에 맞는 헬멧을 반드시 착용합니다.

헬멧은 머리를 둘러싸 이마와 관자놀이, 뒤통수를 덮고 시야와 귀를 가리지 않게 써야 하며 통풍이 잘 되어야 합니다.

○ 자전거 타기 전 안전점검 사항 알아보기

자전거를 타기 30초 전 ABC 안전체크

A: Air(바람상태)
타이어의 바람(Air)상태를 점검합니다. 찢어지거나 구멍이 뚫리지 않았는지 점검하고 바람이 충분하게 들어 있는지 살펴봅니다.
B: Break(브레이크)
손잡이의 브레이크 레버를 당겨보고 브레이크가 바퀴 가장자리를 눌러 제대로 멈추는지 체크합니다.
C: Chain(체인)
페달을 밟아 체인상태를 점검하며 한 바퀴 돌아봅니다.

○ 자전거 안전점검을 하지 않았을 때

① 핸들이 흔들릴 경우

안전점검을 하지 않아 핸들이 흔들리면 방향을 마음대로 조정할 수 없고, 바꿀 수 없으므로 사전에 미리 점검할 수 있도록 지도합니다.

② 브레이크가 약할 경우

브레이크는 갑자기 멈춰야 할 때, 또는 정지해야 할 때 사용하는 것으로 브레이크가 약하면 마음대로 정지할 수 없어 교통사고의 원인이 됩니다.

③ 타이어의 압력이 약해진 경우

타이어의 공기 압력이 약해지면 힘이 전달되지 않을 뿐더러 안전성을 잃게 되어 사고의 원인이 됩니다.

● 자전거 운전 면허 실습 교육 방법 알아보기

① 출발

헬멧을 올바르게 착용하고 출발선에서 감독관의 지시대로 출발합니다.

○ 체크하기

헬멧은 눈썹 위에서 이마가 덮이도록 착용하며 반드시 버클을 채워야 합니다.

② 똑바로 가기

어린이가 서행 중 균형감각을 얼마나 잘 유지하는지 알아보는 코스. 길이 10m, 너비 30cm의 좁은 길을 선을 밟거나 이탈하지 않고 통과해야 합니다.

○ 체크하기

페달은 발 앞부분으로 밟아주는 것이 옳습니다.

양쪽 라인을 밟거나 길을 이탈하면 점수를 잃게 되며, 3번 이상 발이 땅에 닿으면 점수를 잃게 됩니다.

③ 횡단보도 건너기

어린이가 횡단보도 앞에 선 바로 그 순간에 신호등이 초록색으로 바뀌었다고 가정하고 횡단보도를 올바르게 건너는 3가지 원칙에 따라 건너도록 하는 코스입니다.

횡단보도 앞에서 자전거에서 내립니다.

좌, 우를 살핍니다.

횡단보도 오른쪽(화살표가 있는 쪽)에서 걸어서 건넙니다.

○ 체크하기

횡단보도 오른쪽에서 건너는 이유는 차가 왼쪽에서 오기 때문에 오른쪽에 설수록 안전거리가 확보되기 때문입니다.

④ 지그재그로 주행하기

좁은 통로를 균형감각을 가지고 주행할 수 있는지 보는 코스로 점점 간격이 좁아지는 4개의 장애물을 넘어뜨리지 않고 통과해야 합니다.

장애물 A는 두 기둥 간 간격이 60cm, 장애물 B는 50cm, 장애물 C는 40cm, 장애물 D는 30cm입니다.

○ 체크하기

장애물이 한 개도 넘어지지 않아야 하며, 발이 한 번 이상 땅에 닿으면 장애물을 넘어뜨리지 않아도 점수를 잃게 됩니다.

⑤~⑥ 우회전, 좌회전 수신호하기

내가 오른쪽으로 돌려고 할 때 뒤에서 오는 차도 오른쪽으로 돌려고 했다면 자전거보다 자동차가 빠르기 때문에 돌다가 자동차에 부딪힐 수 있습니다. 우회전, 좌회전 수신호를 통해 어린이가 길에서 오른쪽이나 왼쪽으로 방향을 바꾸려고 할 때, 뒤에서 오는 차나 보행자에게 내가 어느 쪽으로 가려고 한다는 것을 미리 알려줄 수 있도록 하기 위한 코스입니다.

○ 체크하기

우(좌)회전 표시가 있는 곳에서 우(좌)회전을 하기 전에 오른(왼)쪽팔을 수평이 되게 들어준 후 다시 핸들을 잡고 우(좌)회전을 하도록 합니다.

⑦ 뒤쪽 확인하기

어린이가 뒤쪽 위험을 확인하는 훈련과 교통안전 표지판을 준수하도록 한다. 코스에는 정지선이 2개 있는데 코스의 첫 번째 정지선에서 자전거를 타고 계속 가다가 오른쪽으로 고개를 돌렸을 때, 정지 표지가 보이면: 두 번째 정지선에서 정지했다가 곧바로 다시 출발합니다. 직진 표지가 보이면: 정지하지 않고 다음 코스로 계속 갑니다.

○ 체크하기

'정지' 표지에서 정지하지 않고, ' 직진' 표지에서 직진하지 않을 경우 점수를 잃게 됩니다.

⑧ 언덕 오르내리기

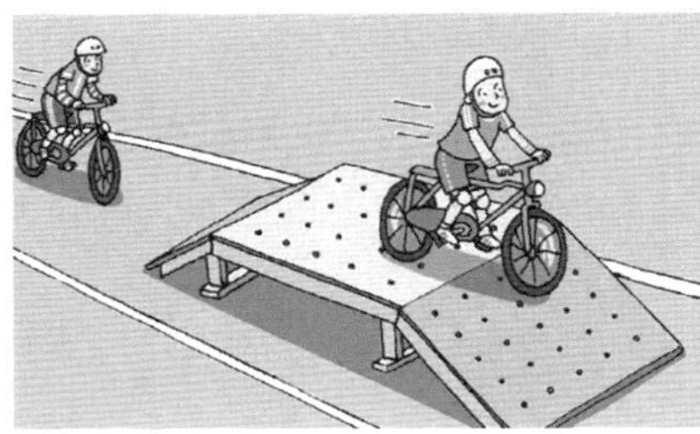

언덕을 무사히 오르내리고 내려올 때 브레이크를 조정하여 균형을 잃지 않고 속도를 조절함으로써 바로 앞 정지선에서 정확하게 정지할 수 있는지를 보는 코스입니다.

○ 체크하기

언덕을 무사히 오르내려야 하며, 정지선에서 정확히 정지해야 합니다.

⑨ 종이컵 옮기기

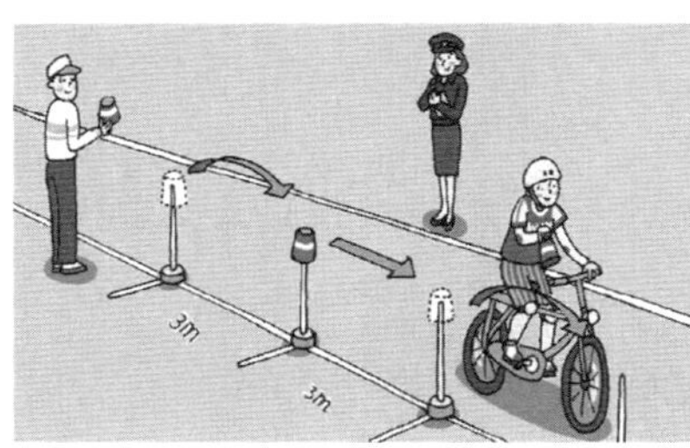

땅에 발이 닿지 않은 상태에서 주행 중에 첫 번째 막대에 있는 종이컵을 두 번째 막대로 옮기고, 세 번째 막대에 있는 종이컵을 네 번째 막대에 옮깁니다.

○ 체크하기

– 왼손이나 오른손으로 종이컵을 옮겨도 상관없습니다.

⑩ 도착

자전거를 타고 가던 어린이가 갑자기 정지하게 되면 뒤에 오던 가속도 때문에 갑자기 멈추지 못해 앞에 있던 자전거와 충돌할 수 있습니다. 따라서 여기서는 자전거를 타고 가다가 정지를 하고자 할 때, 먼저 수신호를 하도록 합니다.

○ 체크하기

정지 수신호: 오른쪽이나 왼쪽 중 한쪽 팔을 아래로 뻗어 주고 나서 정지합니다.

'정지' 수신호를 한 후에 정지선에 정확히 정지했다가 이동합니다.

2.물놀이 사고

1) 물에 빠졌을 때 상황별 대처법

① 친구가 물에 빠졌을 때

○ 즉시 큰 소리로 인명구조요원과 어른에게 알리고 119에 신고합니다.

○ 절대로 구하려고 함부로 물에 뛰어들지 않습니다. 인명 구조 자격이 있는 사람만 수영으로 구조합니다.

○ 레스큐 튜브, 구명조끼 등을 던져줍니다. 튜브가 없는 경우, 윗도리 바지, 넥타이 등을 묶어 하나의 줄 형태로 묶습니다. 주변에 음료수 PET 병이나 물에 뜰 수 있는 슬리퍼를 끝에 묶어서 던져주면 잡고 나오기가 쉽습니다.

○ 물에 빠진 사람을 구조한 뒤에는 체온이 떨어지지 않도록 젖은 옷을 벗기고 옷이나 수건 등으로 몸을 따뜻하게 감싸 마사지해 줍니다.

② 수초에 감겼을 때

○ 수초에 감겼을 때는 부드럽게 서서히 팔과 다리를 움직여 풀어야 하고 만약 물 흐름이 있으면 흐름에 맡기고 잠깐만 조용히 기다리면 감긴 수초가 헐거워지므로 이때 털어버리듯이 풀고 물 밖으로 나옵니다.

○ 놀라서 발버둥 칠 경우 오히려 더 휘감겨서 위험에 빠질 수 있으므로 침착하게 여유를 가지고 호흡하며, 서서히 부드럽게 몸을 수직으로 움직이면서 꾸준히 헤어 나오도록 합니다.

③ 경련이 일어났을 때

○ 경련이 일어나면 먼저 몸의 힘을 빼서 편한 자세가 되도록 하고(당황하여 벗어나려고 하면 더 심한 경련이 일어납니다. 경련 부위를 주무릅니다. 특히 위경련은 위급한 상황이므로 신속히 구급요청을 합니다.

④ 하천이나 계곡물을 건널 때

○ 물결이 완만한 장소를 선정하여, 될 수 있으면 바닥을 끌듯이 이동합니다.

○ 시선은 건너편 강변 둑을 바라보고 건너야 합니다.

○ 이동 방향에 돌이 있으면 될 수 있으면 피해서 갑니다.

○ 다른 물체를 이용해 수심을 재면서 이동합니다 (지팡이를 약간 상류 쪽에 짚는다).

○ 물의 흐름에 따라 이동하되 물살이 셀 때는 물결을 약간 거슬러 이동합니다.

○ 건너편 하류 쪽으로 밧줄(로프)을 설치하고 한 사람씩 건넙니다.

○ 밧줄(로프)은 물 위로 설치합니다. 밧줄이 없을 때 여러 사람이 손을 맞잡거나 어깨를 지탱하고 물 흐르는 방향과 나란히 서서 건넙니다.

⑤ 내가 물에 빠졌을 때

○ 흐르는 물에 빠졌을 때는 물의 흐름에 따라 표류하며 비스듬히 헤엄쳐 나옵니다.

○ 옷과 구두를 신은 채 물에 빠졌을 때는 심호흡을 한 후 물속에서 새우등 뜨기 자세를 취한 다음 벗기 쉬운 것부터 차례로 벗고 헤엄쳐 나옵니다.

2) 물놀이 안전 사고 예방법

① 해수욕장

○ 모래를 다른 사람에게 뿌리면 눈에 모래가 들어갈 수 있으므로 주의하도록 합니다.

○ 모래 속에 날카로운 물질(조개껍데기, 뾰족한 돌, 깨진 유리병 등)이 묻혀 있을 수 있으므로 항상 신발(장금장치 있는)을 신고 다니도록 합니다.

○ 수영가능 지역이라는 표시가 있는 곳에서 수영을 하고, 파도가 높은 곳

에서는 물놀이를 하지 않습니다.

○ 수영 중에 맨발로 바위에 올라가서 장난치지 않습니다.

○ 햇볕이 심할 때에는 그늘에서 쉬는 것이 좋습니다.

○ 물놀이를 하기 전에 자외선 차단 크림을 바릅니다.

○ 혼자서 먼 바다까지 가지 않습니다.

○ 자신의 허리보다 깊은 물에는 들어가지 않습니다.

② 수영장

○ 수영장 안에서는 뛰지 않습니다.

○ 초보자는 자신의 가슴보다 깊은 물에는 들어가지 않습니다.

○ 물에 들어갈 때와 나올 때에는 벽에 설치된 계단을 이용합니다.

○ 아무 곳에서나 다이빙을 하지 않습니다.

○ 친구를 수영장 안으로 갑자기 밀거나 장난을 치지 않습니다.

○ 수영장의 출입문을 열고 닫을 때에는 항상 조심합니다.

○ 수영장 안으로 유리컵이나 병을 가지고 들어가지 않습니다.

○ 수영장에서 물놀이 도중 물속에다 소변을 보거나 침을 뱉으면 물이 오염되어 눈병이나 피부병이 생기므로 주의하고 물속에 들어가기 전에는 꼭 몸을 씻도록 합니다.

○ 수영 모자와 물안경을 씁니다.

③ 계곡과 강

○ 물의 깊이를 모를 때에는 배꼽까지만 들어갑니다.

○ 물살이 센 곳에서는 수영을 하지 않습니다.

○ 신발이나 물건이 떠내려가면 반드시 어른들에게 도움을 청합니다.

○ 급격한 수온차가 있을 수 있으므로 주의해야 합니다.

○ 춥게 느껴지면 곧바로 물 밖으로 나와서 쉬도록 합니다.

○ 물가 가까이에 텐트를 치지 않습니다.

○ 경험 없는 수영자나 어린 아이들은 구명조끼를 착용합니다.

○ 물놀이하기 전에는 물이 맑고 깨끗한지를 살펴봅니다.

○ 만약 신발이나 물건이 떠내려가면 절대로 혼자 따라가서 건지려 하지

말고 어른들에게 도움을 청하도록 가르칩니다.

3) 물놀이 사고 예방을 위한 단계별 수칙

○ 출발하기 전에 준비할 것들

예정지의 날씨를 확인합니다.

예정지의 안전상태와 의료지원 여부를 확인합니다.

안전장비와 구급약품을 반드시 준비합니다.

간단한 구조법과 응급처치 요령을 알아둡니다.

○ 물놀이 전에 확인해야 할 것들

물의 깊이와 온도, 물 흐름의 빠르기를 먼저 확인합니다.

구조요원과 의무실을 확인하고 유사시에 도움을 받을 수 있는 방법을 알아둡니다.

안전장비의 작동상태를 꼭 확인합니다. 특히 공기튜브는 바람이 꽉 찼는지, 새는 곳이 있는지 반드시 확인합니다.

유사시에 던져줄 수 있는 물에 뜨는 기구를 가지고 있는지 확인합니다.

어른이 먼저 물에 들어가서 바닥의 상태, 수온, 유속 등을 확인합니다.

어린이의 경우 배꼽 이상 물이 차는 곳에서는 물놀이를 하지 않아야 합니다.

○ 물놀이를 하지 않아야 할 때

식사 후, 특히 음주 후

열이 나거나 피곤할 때

햇볕이 너무 강렬할 때

물이 차갑거나 오염되어 있을 때

○물놀이에 앞서 해야 할 행동들

피부보호를 위하여 햇빛 차단크림을 바릅니다.

머리카락이 긴 사람은 묶거나 수영모자를 씁니다.

(※물놀이 중에 머리카락이 목에 감길 수 있습니다.)

○물놀이 중 주의사항

물에 들어갈 때는 손, 발→다리→얼굴→가슴의 순서로 몸에 물을 적신 후 천천히 들어갑니다.

물 깊이를 알고 있는 곳에서만 물놀이를 합니다.

다리에 쥐가 나면 즉시 물 밖으로 나옵니다.

다음의 증상이 있으면 물놀이를 중지합니다.

- 몸이 떨리거나 입술이 푸르고 얼굴이 당기는 증상
- 피부에 소름이 돋을 때

위급할 때는 한쪽 팔을 최대한 높 이 올리고 흔들어 도움을 청합니다.

물놀이 중에는 껌이나 사탕을 먹지 않습니다.

자신도 모르게 기도를 막을 수 있습니다.

※어린이들을 위해

물 근처에서 아이들이 혼자 놀지 않도록 합니다.

친구를 밀거나 장난을 하지 않도록 합니다.

신발 등의 물건이 떠내려가도 절대 혼자 따라가서 건지려 하지 말고, 어른에게 도움을 청합니다.

4) 물놀이 안전수칙

부모가 알고 지켜야 할 안전수칙
○ 어린이가 있으면 간이 풀과 목욕통, 변기통, 양동이, 수족관에서의 익사사고가 일어날 수 있음을 명심합니다. ○ 물 근처에 아이를 혼자 두거나 형제끼리 남겨두고 떠나지 않습니다. 아이가 수영하는 동안 항시 주시합니다. ○ 최소한 3살 이상 어린이에게는 수영을 가르칩니다. ○ 원형 튜브를 사용합니다. 공 모양의 튜브는 미끄러워서 물에 빠질 위험이 높습니다. ○ 안전요원이 있는 곳에서만 수영을 합니다. ○ 수영도중 비가 오거나 천둥 번개가 치면 물에서 즉시 나오게 합니다. ○ 공복이나 음식을 먹은 직후 물속에 들어가지 않습니다. ○ 물속에서 수영할 때 눈을 뜨는 훈련을 시킵니다. ○ 수영을 할 때 물의 깊이는 배꼽 높이 정도가 적당합니다. ○ 바닷가에서는 슬리퍼가 아닌 끈이 달린 신발을 신게 합니다. 물속에 돌, 유리조각, 막대기 등이 있기 때문입니다.

어린이가 알고 있어야 할 물놀이 안전수칙
○ 교사나 부모, 안전요원들이 지켜볼 수 있는 곳에서 물놀이를 합니다. ○ 햇볕이 가장 강한 낮 12시~3시 사이를 피해 물놀이를 하는 것이 좋습니다. 햇볕이 뜨거울 때는 그늘에서 충분히 쉬고 햇볕을 쬘 때는 피부 화상을 막기 위해 긴팔 상의를 입고 물놀이를 해야 합니다. ○ 물의 깊이가 어린이의 배꼽 정도까지 차는 곳에서만 물놀이를 합니다. ○ 물놀이 도중 몸에 소름이 돋고 몸이 떨리고 입술이 파래지면 물놀이를 중지하고 밖으로 나와 타월 등으로 몸을 따뜻하게 해줍니다. ○ 물놀이를 할 때 친구를 물속으로 밀거나 얼굴에 물을 뿌리는 등 지나친 장난은 위험합니다. ○ 위험한 일이 생기면 도와달라고 소리를 지르거나 먼 곳에서도 볼 수 있도록 한 손을 높이 쳐들어 좌우로 크게 흔듭니다.

3. 화재 사고

1) 화재 사고 유형

① 전기화재

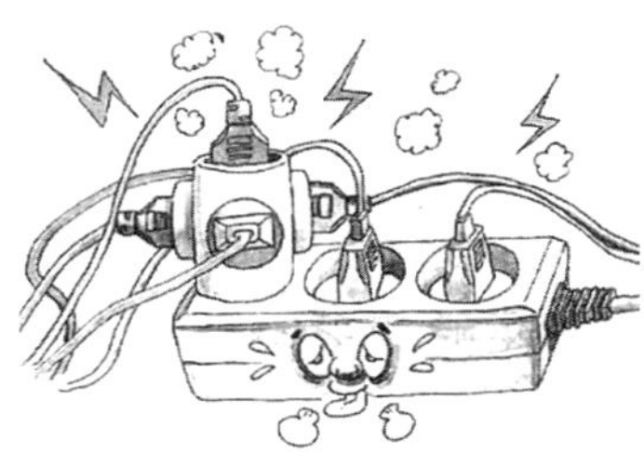

○ 전선의 합선 또는 단락에 의한 발화

○ 누전에 의한 발화

○ 과전류(과부하)에 의한 발화

○ 규격미달의 전선 또는 전기기계기구 등의 과열

○ 배선 및 전기기계기구 등의 절연불량 상태

○ 정전기로부터의 불꽃

② 담뱃불화재

○ 술에 취한 채 잠자리에서 흡연

○ 어른들이 무심코 버린 담배꽁초가 발화

○ 담배 불씨를 완전히 끄지 않은 채 휴지통에 버려서 발화

○ 재떨이의 담배 불씨를 완전히 끄지 않은 채 재떨이를 쓰레기통에 비우고 퇴근하여 발화

③불장난

○ 성냥, 라이터, 난롯불, 아궁이불, 전기다리미

○ 촛불놀이, 폭죽놀이, 화약놀이

④ 가스화재

〈공급자〉

○ 용기밸브의 오조작

○ 용기교체 작업 중 누설화재

○ 잔량 가스처리 및 취급미숙

○ 가스충전 작업 중 누설폭발

○ 고압가스 운반기준 미이행

○ 배달원의 안전의식 결여

〈사용자〉

○ 실내에 용기보관 가스누설

○ 점화 미확인으로 누설폭발

○ 환기불량에 의한 질식사

○ 가스사용중 장기간 자리이탈

○ 성냥불로 누설 확인 중 폭발

○ 인화성 물질(연탄 등) 동시 사용

⑤ 방화

○ 가정불화

○ 부부 또는 친구 등과의 싸움

○ 비관자살, 주벽, 정신이상 등으로 비정상적인 심리

○ 보험과 관계된 방화

⑥유류화자

○ 석유난르의 불을 끄지 않고 기름을 넣을 때

○ 주유 중 새어나온 유류의 유증기가 공기와 적당히 혼합된 상태에서 불씨가 닿을 경우

○ 유류기그를 사용도중 이동할 때

○ 불을 켜놓고 장시간 자리를 비울 때

○ 난로 가까이에 불에 타기 쉬운 물건을 놓았을 때 ○ 튀김요리 중 튀김기름이 가열되어 넘치는 경우

⑦불티화자

○ 용접 부주의로 불티가 가연물에 떨어져 화재 발생

○ 용접물체가 가열되어 주위의 가연물에 옮겨져 화재 발생

○ 모닥불, 소각장 등의 불티가 바람에 날려 화재 발생

○ 배관 용접/절단 시 보온 재료에 불티가 옮겨 붙어 화재 발생

○ 용접작업장 인근에 방치되어 있는 위험물/가연물에 불티가 튀어 화재 발생

2) 화재시 대처방법

①소화기 사용방법

○ 소화기를 가져옵니다.

○ 안전핀을 뽑습니다.

○ 호스를 불이 난 곳을 향해서 잡습니다.

○ 손잡이를 꽉 잡고 바람을 등지고 빗자루로 청소하듯 뿌립니다.

② 몸에 불이 붙었을 때

○ 멈춘다.

○ 엎드린다.

○ 구른다.

③ 전화로 신고하는 방법

1) 신고자 이름

제 이름은 __________ 입니다.

2) 불이 난 곳의 주소

불이 난 곳은 ______ 구 ______ 동 ______ 아파트 ______ 동 _______ 호입니다.

3) 눈에 띄는 건물

주변에 _________ 이(가) 있습니다. (유명한 곳)

4) 화재의 원인

____________________ 때문에 불이 난 것 같습니다.

① 전기화재

○ 전기기구를 사용하지 않을 때에는 스위치를 끄고 플러그를 뽑아 둡니다.

○ 한 개의 콘센트에서 여러 선을 끌어 쓰거나 문어발식 사용을 하지 않습니다.

○ 전선이 꼬이거나 묶어 사용하면 열이 발생하여 위험하므로 전선이 꼬이지 않게 합니다.

○ 콘센트이 플러그를 깊숙이 꽂지 않으면 열이 발생하므로 완전히 꽂아 사용합니다.

② 담뱃불 화재

○ 인화성이 강한 물질이 있는 장소나 실내에서는 금연을 합니다.

○ 잠자리에서는 담배를 피우지 않도록 합니다.

○ 담배를 피울 수 있는 장소는 편리하고 안전한 곳을 택하여 "흡연구역" 으로 지정합니다.

○ 담배를 피우다가 용무로 잠깐 자리를 비울 경우 반드시 담뱃불을 끄고 나가야 합니다.

○ 불씨가 튀지 않도록 재떨이에 약간의 물을 부어 놓습니다.

③ 불장난 화재

○ 성냥, 라이터 등은 어린이들의 손에 닿지 않는 곳에 보관합니다.

○ 성냥, 라이터, 폭죽놀이, 깡통놀이 등을 하지 않도록 단속합니다.

○ 어린이들에게 불에 대한 올바른 인식을 갖도록 교육시킵니다.
○ 어린이들에게 석유난로 등을 켜거나 끄도록 심부름을 시키지 않습니다.
○ 외출시 모든 화기의 안전점검을 하고 어린이들에게 불조심에 대한 주의를 시킵니다.
○ 어린이들에게 119 허위신고(장난전화)를 하지 못하도록 교육시킵니다.

④ 방화
○ 차량방화를 예방하기 위해서 주택가나 도로상에 주차하지 않습니다.
○ 빈집 또는 건물의 화재예방을 위해 시건장치 후 외출합니다.
○ 주변 정신질환자의 행동을 예의주시하고 성냥, 라이터 보관에 유의합니다.

⑤ 유류화재
○ 유류는 다른 물질과 함께 저장하지 않도록 하고, 저장소는 환기가 잘 되게 합니다.
○ 급유 중 흘린 기름은 반드시 닦고 난로 주변에는 소화기나 모래 등을 준비해 둡니다.
○ 석유난로, 버너 등은 사용 도중 넘어지지 않도록 고정시켜 둡니다.
○ 석유난로 주변은 늘 깨끗이 하고 불이 붙은 상태로 이동하거나 주유해서는 안 됩니다.
○ 기타 위험물취급 장소에서 절대 담배를 피우지 않고 불조심에 대한 교육을 합니다.

⑥ 불티 화재

○ 용접작업이나 쓰레기를 소각할 때는 소화기나 소화수 등을 비치한 후 작업에 임합니다.

○ 용접작업장 부근의 연소위험이 있는 위험/가연물을 제거한 후 작업합니다.

○ 불은 충분히 소화시키고 재연소 발화 위험을 없애기 위해서 땅속에 완전히 묻습니다.

3) 가스사고 예방법

① 사용 전

○ 사용 전에 냄새를 맡아 가스가 새지 않는가를 확인하고 창문을 열어 환기시키는 안전 수칙을 생활화합니다.

○ 연소기 부근에는 가연성 물질을 두지 말아야 합니다.

○ 콕, 호스 연결부에서 가스가 누출되는 경우가 많기 때문에 확실하게 조이고, 호스가 낡거나 손상이 있을 때에는 즉시 새 것으로 교체합니다.

○ 가스레인지 버너헤드에 음식물 찌꺼기가 타 붙으면 사용 시 일산화탄소가 발생하므로 버너헤드를 브러시로 깨끗이 청소해 주어야 하며, 벽걸이 난로나 캐비닛 히터같이 세라믹 버너를 사용하는 연소기는 세라믹 버너 표면의 먼지를 솔로 털고 사용합니다.

② 사용 중

○ 가스가 탈 때에는 많은 공기를 소비합니다. 따라서 가스난로 등을 장시간 사용하면실내 산소농도의 저하에 따라 일산화탄소의 발생이 증가하므로 환기를 자주 해야합니다.

○ 바람이 불거나 국물이 넘쳐 불이 꺼지면 가스가 그대로 누출되므로 사용 중에는 불이 꺼지지 않는지 곁에서 살펴봅니다. 이런 이유로 불이 꺼질 경우에는 반드시 샌 가스가 완전히 옥외로 배출된 것을 확인한 후에 재점화합니다. 폭발범위 안의 농도로 공기와 혼합된 가스는 아주 작은 불꽃에 의해서도 인화 폭발되므로 배출시킬 때에는 환풍기나 선풍기 같은 전기제품을 절대 사용하지 말고 방석이나 빗자루를 이용하여 전기스파크에 의한 폭발을 막아야 합니다.

○ 사용 중 가스가 떨어져 불이 꺼졌을 경우 반드시 연소기의 콕과 중간밸브를 잠급니다.

③ 사용 후

○ 사용하고 난 후에는 연소기에 부착된 콕은 물론 중간밸브도 확실하게 잠급니다.

○ 장시간 외출 시에는 중간밸브와 함께 용기밸브도 잠그고, 도시가스를 사용하는 곳에 서는 계량기 옆에 설치되어 있는 메인밸브까지도 잠가 불의의 사고를 예방합니다.

○ 가스를 다 사용하고 난 빈 용기라도 용기 안에는 약간의 가스가 남아 있는 경우가 많으므로 빈 용기라고 해도 용기밸브를 열어 놓은 채 방치하면 남아있는 가스가 샐 수 있습니다. 용기밸브를 반드시 잠근 후에 화기가 없는 곳에 보관하여야 합니다.

④ 평상시

○ 시설에서 가스가 누출되는지 여부를 자주 점검하는 습관을 갖는 것이 사고 예방을 위한 최선의 방법이라고 할 수 있습니다. 누출점검방법은

아주 간단해서 가스가 누출된 위험이 있는 부위에 비눗물을 발라 기포가 일어나는지를 알아보는 것만으로 충분합니다.

○ 일반 가정의 시설은 호스가 아주 낡았다든가 연소기가 고장이 난 경우를 제외하고는 호스와 배관의 연결부위나 중간밸브연결부, 호스와 연소기의 연결부와 같은 접속부위를 중점적으로 점검하면 됩니다.

○ 점검할 때는 비눗물을 붓에 묻혀 호스의 연결부분 주위에 충분히 발라줍니다. 아무런 반응이 없으면 누출이 없는 것이지만, 조금이라도 누출되는 경우에는 비눗방울이 생겨 쉽게 판별할 수 있습니다. 만약 누출되는 것을 발견하면 용기밸브나 메인밸브를 잠그고, 가스 판매점 등에 연락하여 보수를 받은 후 사용하여야 합니다. 이와같은 비눗물 점검은 2, 3일에 한 번 정도 하는 것이 좋습니다.

⑤ 누출 시

○ 당황하지 말고 가스판매업소나 도시가스에 연락하여 적절한 조치를 받습니다.

○ 먼저 연소기 점화콕, 중간밸브, 용기밸브까지 잠가 가스의 공급을 차단하고, 창문을 비롯하여 출입문 등을 열어 누출된 가스를 밖으로 몰아내고 신선한 공기를 환기합니다. 전기 기구를 켜거나 끌 때에 스파크가 발생하는데, 누출된 가스는 작은 전기스파크로도 불이 붙어 폭발할 수 있기 때문에 부채나 방석, 신문지 등을 이용하여 쓸어 내듯이 밖으로 몰아냅니다.

○ LPG는 공기보다 무겁기 때문에 낮은 곳에 머물고 LNG를 원료로 하는 도시가스는 공기보다 가벼워서 천정으로 확산되므로 가스의 종류에 따라 알맞은 방법을 택합니다.

○ 누출된 가스가 배출되고 가스냄새가 사라진 후에도 바로 다시 점화하여서는 안되며, 가스 판매점이나 도시가스 관리대행업소에서 기술자가 오기를 기다려 점검을 받은 후 시설에 이상이 없음을 확인하고 다시 사용합니다.

4) 전기 화재 발생 3대 요인과 예방 대책

① 누전

○ 누전이란

-전선피복이 손상되어 건물의 철근이나 전기기계 기구함 등의 금속부분을 통하여 전기가 흐르는 현상

○ 누전의 피해

-전선피복이 연소되거나 전선과 접촉된 금속체 부위에 열이 발생하여 인화물질에 발화되어 화재가 발생

○ 예방대책

-200V 전압 공급지역에서는 누전차단기를 반드시 설치

-110V 지역에도 누전차단기를 설치하면 누전발생 시 자동으로 차단되어 더욱 안전

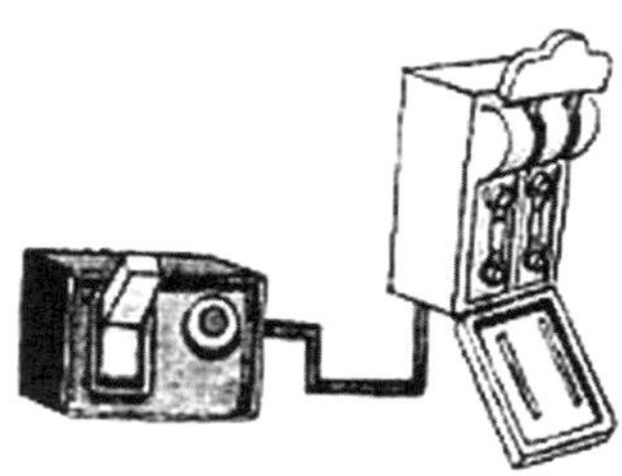

② 합선

○ 합선이란

전선이 낡아 선과 선이 맞닿은 상태로 아크와 동시에 고열이 발생하는 현상

○ 합선의 피해

합선되면서 고열과 아크로 인해 주위의 인화물질에 착화되어 화재발생

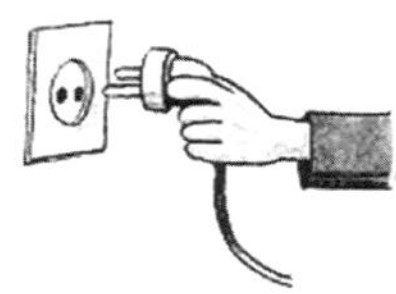

○ 예방대책

용량이 큰 전기기계 기구를 동시에 여러 개 사용하는 것을 제한

후배선에서 피복이 벗겨져 합선되는 경우가 많으므로 전기설비 관리에 유의

과전류 발생 시 전기를 차단하는 정격 용량의 퓨즈 또는 차단기를 사용

③ 용량초과

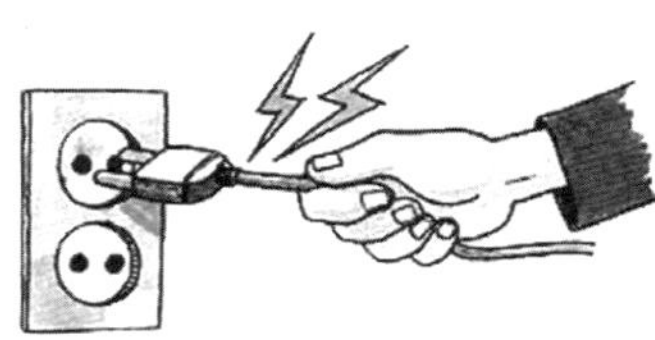

○ 용량초과로 인한 피해

용량을 무시한 채 문어발 배선 등으로 많은 전기기구를 사용하게 되면 과전류로 인해 전선이 맞붙어 아크와 함께 고열로 인한 화재발생

○ 예방대책

－열을 발생시키는 전기기구는 반드시 하나의 콘센트에 한 개의 기구만 사용

규격전선 사용

비닐전선은 용량초과 사용 시 위험하므로 규격전선 사용

4. 질식, 중독사고

1) 가정내 질식, 중독 사고 유형

(1) 질식사고 유형

① 외부에서 코와 입을 막아 기도폐쇄(Suffocation)

○ 침대 안의 베개 또는 장난감: 영유아의 경우, 침대 안에 놓인 베개 또는 장난감등에 의해 입과 코가 막히거나 아이의 가슴이 부모의 무거운 다리에 눌려 숨을 쉬지 못할 수 있습니다. 아기가 목을 가누지 못하여 발생할 수도 있습니다.

○ 침대의 틈새: 침대와 매트리스 사이, 침대와 벽면 사이의 틈에 끼어 질식이 발생할 수 있습니다.

○ 엎드려 재운 아기: 아기를 엎어 재웠을 경우, 돌연사가 간혹 발생합니다. 원인은 질식으로, 똑바로 누워 자는 아기보다 두상을 예쁘게 만들기 위해 엎어 재우는 아기들에게서 많고, 특히 푹신한 이부자리나 베개를 받쳐준 경우에 질식사할 위험성이 증가합니다.

○ 잠자리에서의 모유 수유: 수유하는 엄마가 피곤한 상태에서 아이를 돌보지 못하고 잠이 들 경우, 아이는 성인 침대에서 몸을 제대로 가누지 못하여 엎어져 질식사할 수 있습니다.

② 어떤 물질이 입으로 들어가 기도폐쇄(Chocking)

○ 완구루에 의한 기도 폐쇄

기어 다니는 아이들과 2~3세의 아이들은 물체를 보면 무조건 입으로 가져가는 시기입니다.

과자, 동전, 단추, 조그만 장난감 등은 기도를 막아 숨이 막히는 사고가 빈번히 발생합니다. (미국: 곰인형 눈-어린이 질식사의 주범)

국내 유아의 완구 관련사고 건수는 매년 증가하고 있으며, 완구 관련 사고의 절반 이상은 질식사고입니다.

○ 음식에 의한 기도폐쇄

- 음식에 의한 기도 폐쇄로 질식사고가 일어날 수 있습니다.
- 미국 Maryland에서 질식으로 사망한 42명의 10세 이하의 어린이의 사망 원인을 분석한 결과 12명이 음식에 질식했습니다. 이 중 6명은 핫도그로 인한 질식이 었습니다.
- 최근 미니컵 젤리를 먹고 질식사하는 어린이가 증가하고 있습니다.

⇒ 유통금지 조치

③ 외부에서 기도에 압력을 가하여 기도폐쇄

○ 줄 또는 비닐봉지 등에 의한 기도폐쇄

영유아들은 수건이나 목에 매달린 끈에 의해서도 질식이 가능합니다.

비닐봉지나 풍선으로 인한 질식사고가 다발하고 있습니다

(미국에서는 1년 동안 비닐봉지로 인해 질식사하는 영유아는 25명, 주로 1세 미만 영아들).

○ 장난감 모빌, 창문 커튼이나 블라인드, 버티컬 등에 사용하는 줄

10~15개월 영유아가 위험 연령이며, 창문의 커튼이나 블라인드의 잡아당기는 줄 근처에 아이의 잠자리가 놓여 있거나 유아 침대가 놓여 있는 경우에 사고가 발생 할 수 있습니다.

국내 장난감 모빌이나 커튼 줄에 아이의 손이 닿아 영유아 질식사고 위험이 매우 높습니다.

(2) 중독사고 유형

어린이는 체구가 작고 대사 작용이 빠르게 일어나며, 신체적으로 독성화학물질의 위험성을 모르기 때문에 성인보다 중독관련 안전사고의 위험이 더 큽니다. 게다가 어린이는 본능적으로 호기심이 많고 모든 물체를 입으로 가져가는 특성이 있어 중독사고 위험률이 더 높습니다.

① 약물로 인한 중독사고

○ 약물을 과다 복용하는 경우에 중독 증상이 일어날 수 있습니다. 5세 이하 어린이 중독사고의 40%가 약물에 의한 것입니다.

○ 어린이에서는 철분제, 항우울제 등으로 인한 중독은 심한 경우 사망까지 초래할 수 있고, 비타민제라고 하더라도 많은 양을 먹일 경우 위험합니다.

○ 어린이에게 일반의약품을 투여할 때 사용설명서에 따른 정량을 정확하게 투여하여 야하나, 보호자의 30%만이 정량을 정확하게 측정할 수 있는 것으로 나타났습니다.

○ 어린이의 약이 아닌 주변 사람들의 약에 의해서도 어린이 약물중독이 일어나기 쉽습니다. 4세 이하 어린이가 음독한 약의 23%는 아이와 같이 살고 있지 않는 사람의 것이었고, 17%는 조부모나 증조모의 것이었습니다.

② 가정용품에 의한 중독사고

어린이에서는 약물보다는 가정용품에 의한 사고성중독이 더 빈발합니다. 5세 이하 중독 사고의 60%는 화장품, 청소용품, 제조품, 외제 물품과 장난감, 살충제, 미술 재료, 알코올과 같은 비의약품에 의한 것입니다.

○ 세제: 독성은 낮지만 자극제이며, 토하거나 많은 양을 먹었을 때

비눗방울이 기도로 들어갈 위험이 있습니다.

○ 부식제: 오븐세척액, 식기세척액, 도관세척액 등은 피부에 심한 화상을 일으킵니다. 먹었을 경우에는 위장에 화상도 일으킬 수도 있습니다. 그땐 즉시 철저하게 씻어내고 의사의 진찰을 받아야 합니다.

○ 가정용표백제: 가정용 표백제에는 5% 유해성분액이 포함돼 있어, 중등도의 점막 자극을 일으킵니다.

○ 식물성정유, 방향유: 꽃봉오리를 말린 향유, 유칼리나무, 또는 차나무와 같은 식물성 정유를 먹었을 때 손상을 일으킬 수 있습니다.

○ 배터리: 보청기 등에 사용되는 단추모양의 배터리를 어린이가, 때로는 어른까지도 실수에 의해 먹을 수 있습니다. 이러한 것은 부식효과를 나타낼 수도 있고 때로는 수은염을 함유하고 있어 독성을 일으킬 수 있습니다.

○ 담배: 담배를 먹을 경우 경미한 증상을 발생시키며, 니코틴의 독성에 대한 임상적 작용은 주로 빠르게 나타나고 15~90분 내에 진행됩니다.

○ 석유 증류액: 석유 증류액은 주로 화이트, 페인트, 윤활유에 함유되어 있습니다. 탄화수소는 점막을 공격하여 입 점막과 위장관 점막의 자극을 일으키나 섭취할 때 또는 구토를 연속적으로 할 때 흡입이 일어날 수 있습니다.

○ 페인트: 납이 함유되어 있는 페인트를 칠한 벽 또는 천장의 갈라진 부분을 먹거나 납이 함유되어 있는 페인트를 열처리할 때 발생하는 유해물을 흡입함으로써 납의 흡수가 일어날 수 있습니다.

③ 식물이나 곰팡이

○ 식물은 독이 없을 것이라고 생각하지만 독풀이나 독버섯을 먹었을

경우 위장관 자극증상을 일으킵니다.

○ 가장 독성이 많은 것은 amatoxin을 함유한 것으로 버섯과 관련이 있는 것이 사망의 90%를 차지합니다.

2) 일상생활에서 질식사고 유형

유독성 물질에 의한 사고는 주로 가정 내외에서 방치된 의약품 및 화학제품 등을 의도하지 않은 상태에서 잘못 먹거나, 마시서나, 흡입하여 발생하는 우발적 사고로서, 의약품 등의 정상적 사용에서 발생하는 부작용과는 구별된다. 가정에서 흔히 사용하는 제품 중 기침약, 아스피린 같은 비처방의약품과 처방약, 가구광택제 및 배수관 크리너, 구강청결제, 접착제 같은 화학제품은 아주 위험할 수 있다. 특히 이들 제품의 내용물을 5세 이하의 어린이가 일정량 이상을 마시거나, 먹을 경우 심각한 위해를 입거나 사망에 이를 수 있다.

의약품의 아스피린(Aspirin) 성분을 가진 해열진통제는 귀울음, 발열, 의식장애, 시력장애, 경련, 두드러기나 천식 등의 알레르기의 독성이나 부작용이 있을 수 있다. 리도카인(Lidocaine)성분을 지닌 국소마취제는 경련이나 혼수상태, 호흡곤란 등을 유발할 수 있으며 나프록센(Naproxen)성분의 소염진통제는 설사, 복부통증 등 위장의 합병증. 현기증, 두통, 이명 등의 부작용이 나타날 수 있다.

가정용 화학제품인 가정용세척제, 구강청결제, 화장품, 살충제 등을 섭취할 수 있다. 가정용세척제는 입이나 식도염증, 소화관 천공, 호흡곤란 등을 유발할 수 있으며, 구강청결제의 에탄올(Ethanol)은 과다복용의 경우 사망과 혼수상태에 이를 수 있는 과민성, 무기력 반응, 신진대사 합병증 등이 나타날 수 있다. 화장품의 경우 하이드로카본(Hydrocarbons)의 성분으로 폐의 직접 흡입이나 토할 경우 화학적 폐렴, 구토나 두통, 심할 경우 뇌질환이 나 사망에 이를 수 있다.

● 정리하기

〈일상 생활에서의 질식사고 유형〉

잦은 구토 증세를 보이는 세 살 배기 아이에게 귤을 먹여 기도가 막혀 질식사한 사고와, 부모님이 연년생인 2살, 3살의 남아에게 삼겹살을 먹이다가 기도가 막혀 의식을 잃고 쓰러져 인근 병원으로 옮겼으나 30여분 만에 숨지는 사고가 발성했습니다. 이상의 예에서 보듯이 무관심과 무지로 인해 어처구니없는 영 · 유아 질식사고가 발생해 소중한 어린이들의 목숨을 앗아가고 있으나 적절한 교육이 이루어지고 있지 않아 해마다 질식사고 사망률이 줄어들지 않고 있습니다.

영 · 유아의 질식 사고를 부추기는 유형과 응급 처치법을 알아봅니다.

1) 아이를 엎어서 재우는 경우

침대에서 잠을 자고 있습니다라고 생각한 아이가 질식사한 채로 발견되는 사례가 많습니다. 푹신한 침대 시트나 베개에서 아이의 머리 모양을 예쁘게 만들기 위해 재우다가 이런 사고가 발생합니다. 또한 영아들은 자주 토하기 때문에 똑바로 누워 있다가 토할 경우, 토사물이 기도로 다시 들어가 호흡곤란을 일으키기도 합니다. 아이를 침대에 재울 때는 적당히 딱딱한 매트리스 침대에 옆으로 눕혀서 재우고 수시로 관찰해야 합니다.

2) 어른과 아이가 한 침대에서 자는 행위

맞벌이 부부로 하루 종일 업무를 보느라 피곤한 상태에서 아이에게 모유

수유를 하다가 잠이 들어 몸을 제대로 가누지 못하는 아이가 엎어진 상태에서 부모의 몸무게에 눌려 질식사하는 사례가 종종 있으며 큰 아이나 어른과 유아가 함께 자다가 유아를 질식시키는 사례도 있습니다. 유아는 유아만을 위한 침대에서 재우도록 합니다.

3) 안전하지 않은 잠자리

침대 시트가 낡거나 침대보다 작아 틈이 생긴 경우, 침대와 벽면 사이에 틈이 있는 경우에 아이가 자다가 옆으로 굴러서 그 사이에 끼여 질식사하는 경우가 있습니다. 침대 가장자리가 접히거나 쑥 들어가는 공간이 있는 침대에서 침대 가장자리에 아기의 목이 눌리거나 쑥 들어가 있는 공간에 몸이 끼임으로써 질식사할 수 있으므로 침대와 벽면, 침대와 시트 사이의 공간을 없애야 합니다.

4) 무심코 아이 입에 넣은 음식물

어린아이들은 음식물을 먹을 때 뱉어야 될 것을 잘 알지 못하고 억지로 삼키는 경우가 있습니다. 또한 어금니가 충분히 발달하지 못했기 때문에 딱딱한 음식을 잘 씹지 못합니다. 따라서 아무리 작게 썰어도 딱딱한 음식물(땅콩, 호두, 잣, 수박씨, 건포도, 사탕, 날 당근, 날 샐러드 등)이나 기도를 막을 수 있는 부드러운 음식(고깃덩어리, 소시지, 포도, 캐러멜, 젤리, 껌, 찰떡, 엿 등)은 나누어 주지 말아야 하며 손위 형제자매들에게도 주의를 주어야 합니다.

5) 단추나 동전, 장난감 등으로 인한 기도 폐쇄

기어 다니는 아이들과 2~3세 유아들은 조그마한 물체를 보면 무조건 입으로 가져가는 습성이 있기 때문에 단추나 동전 같은 것이 바닥에 떨어져 있지 않게 집안을 정리해야합니다. 이런 물건들뿐 아니라 최근 유아 장난감 관련사고 중 절반 가까이가 질식 사고 라는 통계가 있습니다.

따라서 부속이 쉽게 분해되거나 크기가 작은 장난감은 질식사고의 위험요인이 될 수 있으니 사주지 말아야 합니다.

6) 늘어진 각종 줄로 인한 질식사고

목에 건 노리개나 침대에 걸린 장난감 모빌의 줄, 창문 커튼의 끈에 아이의 목이 졸려 질식하는 경우가 간혹 있으므로 이런 위험 요인을 아이의 손이 닿는 곳에 방치해 두어서는 안 됩니다.

7) 비닐봉지를 가지고 놀거나 고무풍선을 씹는 행위

아이가 침대나 놀이터에서 비닐봉지를 가지고 놀다가 얼굴을 덮으면 무서운 생각에 떼어내지 못하고 호흡곤란을 일으키다가 질식사합니다. 또한 바람 빠진 고무풍선을 입안에서 씹고 있다가 갑자기 흡입할 경우 기도를 막아 위험합니다. 고무풍선과 관련된 질식 사고는 제법 나이가 많은 고학년 어린이에게도 많이 발생하므로 이런 행위를 하지 않도록 해야 합니다.

3) 질식 사고 예방 수칙

사고	유형	예방법
질식	외부에서 코와 입을 막아 기도폐쇄	○ 아기는 견고한 침대에 눕힙니다. 아기를 눕히는 침대는 매트리스가 푹신한 것은 피해야 합니다. 또한 침대 안에 푹신한 물건 등은 넣어 두지 않습니다. ○ 잠자리에서 수유는 하지 않습니다. 수유를 할 때는 가급적 침대에서 하지 말아야 합니다. 또한 침대에서 수유가 이루어질 때에는 다른 사람이 아기가 안전한지를 관찰하도록 해야 합니다. ○ 성인용 침대에서 재우지 않습니다. 어린 아이 특히 만 2세 미만의 아이들은 성인용 침대 위에서 재워서는 안 되며, 성인이나 큰 아이와 함께 잠들게 해서도 안 됩니다. ○ 위험한 공간을 없앱니다. 침대와 벽면, 침대와 매트리스 사이의 공간을 없애고 딱딱한 매트리스를 깔아 침대 가장자리가 접히거나 쑥 들어가지 않도록 합니다. 또한 침대 난간이 촘촘해야 합니다.
	어떤 물질이 입으로 들어가 기도폐쇄	○ 장난감 - 3세 미만 유아가 완구를 가지고 놀 때에는 세심한 주의를 기울이며 유아의 놀이과정을 지켜보아야 합니다. - 집에서 어린이가 입으로 가져갈 수 있는 단추나 구슬 등 작은 물건은 아이의 손이 미치지 않는 곳에 보관합니다. - 장난감을 주기적으로 점검하여 안전하지 못한 것은 폐기합니다. ○ 음식물 - 어린이들이 음식을 먹는 동안 항상 관찰합니다. - 어린이들에게 줄 음식은 작은 조각으로 자른 후에 먹입니다. - 아기가 누워 있을 때에는 음식을 먹이지 않습니다. 앉아서 먹도록 해야 합니다. - 음식을 입에 넣고 뛰거나 놀거나 웃지 않도록 합니다.

	외부에서 기도에 압력을 가하여 기도폐쇄	○ 아기가 잘 때는 턱받이를 채우지 않습니다. ○ 어린이의 옷에 달린 끈은 없애고 두건이나 어린이 목 주위를 끈으로 묶지 않아야 합니다. ○ 어린이들이 노는 곳에 끈이 달린 지갑이나 스카프, 옷 등을 두지 않아야 합니다. ○ 아기들 침대에 모빌 등을 걸어두지 않아야 합니다. ○ 창문의 블라인드 끈은 자르거나 아이들 손이 닿지 않는 높이에 묶어 둡니다. 창문 옆에 의자나 침대 등을 두지 않아야 합니다.

3) 중독 사고 예방 수칙

사고	유형	예방법
중독	약물	〈보관 시〉 ○ 모든 약은 원래의 용기에 보관합니다. ○ 약을 사용하고 난 뒤에는 꼭 안전뚜껑으로 막아둡니다. ○ 모든 약은 어린이들의 손이 닿지 않는 장소에 넣어서 잠가둡니다. - 약, 알코올, 포도주를 아이들이 닿지 않는 선반에 넣고 잠가둡니다. - 약을 침대 옆이나 머리맡에 두지 않습니다. - 알약을 책상 위나 비닐봉지에 넣어두지 않습니다. ○ 오래되거나 유효기간이 지난 약은 폐기합니다. 〈사용 중〉 ○ 아이들 앞에서 약을 먹지 않습니다. ○ 아이들에게 약을 "사탕" 이라고 하지 않습니다. ○ (특히 한밤중에) 약을 사용하기 전에 꼭 상표를 읽어 봅니다. 처방 받은 지 6개월이 넘은 약이라면 폐기하여야 합니다.

<table>
<tr><td rowspan="2"></td><td>가정용품</td><td>〈구입 시〉
○ 가정용품을 구입할 때 설명서를 읽어보고 독성이 없는 것으로 구입합니다.
〈보관 시〉
○ 중독의 위험이 되는 물건은 원래의 용기에 두어야 합니다.
○ 모든 독성 성분이 있는 가정용품 및 화학제품은 어린이들의 눈에 띄지 않도록 보관해야 합니다.
- 부엌의 암모니아, 세제, 비누, 수저 또는 그릇 광택액, 싱크대 때 제거액 등은 아이들이 절대로 만질 수 없는 곳에 있어야 합니다.
○ 모든 캐비닛에 안전잠금 장치를 설치합니다.
- 세제, 제초제, 살충제, 독성 물질 등을 보관함에 넣고 어린이들이 열 수 없도록 잠금장치를 설치합니다.
○ 가정용품이나 화학제품을 음식과는 분리된 장소에 보관합니다.</td></tr>
<tr><td>식물, 곰팡이</td><td>○ 집과 뜰에 있는 식물의 이름을 알아 이름표를 부착합니다.
○ 독성 성분이 있는 식물은 어린이와 강아지가 가지 않는 곳에 둡니다.
○ 어린이에게 뜰에서 자라는 버섯은 먹지 말라고 가르칩니다.
- 일부 버섯은 독성분이 있을 수 있으며, 비가 온 뒤에 버섯이 많음을 알아둡니다.
○ 비료, 살충제, 제초제를 뿌린 식물에는 어린이와 강아지가 접근하지 못하도록 합니다.</td></tr>
</table>

5. 약물 오남용 및 인터넷 중독 예방법

1) 약물 오남용 예방 교육의 중요성

지식 정보화 사회에 들어서면서 의약에 대한 정보도 쉽게 찾을 수 있게 되었다. 자기증세를 스스로 판단하여 약을 구입하거나 집에 있는 약을 대수롭지 않게 복용하는 경우가 많아졌다. 게다가 남의 말만 믿고 함부로 약을 먹는 등 약물 오용 사례가 늘고 있다. 약물에 대한 잘못된 상식으로 인하여 부작용을 유발하거나 시간적, 경제적, 정신적, 신체적 손상을 입고 자신과 가정, 사회에 해를 입히는 경우도 있다.

초등학교 고학년은 또래들과의 친숙한 관계를 형성하는 시기이므로 교우 관계를 통하여 음주 · 흡연의 유혹에 빠지기 쉽다.

약물남용은 자신의 정신과 신체 건강에 해를 끼칠 뿐 아니라 청소년 범죄와 복합적으로 연루되어 가정과 사회에 미치는 영향이 매우 크다. 약물 오 · 남용에 대한 예방교육을 통하여 약의 적절한 사용방법에 대해서 알고, 약의 남용을 예방하는 능력을 길러 건강한 신체와 정신을 가진 바른 청소년으로 자라도록 도움을 주어야 한다.

2) 약물 오남용 개념과 사례

구분	약물의 오용	약물의 남용
뜻	의학적 목적으로 사용되지만, 약사나 의사의 처방을 따르지 않거나, 처방된 약을 지시대로 사용하지 않는 것	의학적 상식, 법규, 사회적 관습으로부터 어긋나게 사용하는 것, 뇌를 직접적으로 자극하여 뇌기능을 비정상적으로 흥분, 억제, 마비시키기 위한 목적으로 사용하는 것
사례	○ 이전 질병에 사용했던 약을 다른 질병에 그대로 사용하는 일 ○ 약물 사용 중 술을 마시거나 담배를 피우는 일 ○ 다른 사람이 처방받은 약을 사용하는 일 ○ 오래된 약 (유효기간이 난 약)을 사용하는 일 ○ 약의 사용방법을 의사의 지시에 따르지 않는 일	○ 어린이가 커피나 진통제 등 약국 약을 자주 사용하는 일 ○ 미성년자(청소년)가 술을 마시거나 담배를 피우는 일 ○ 법으로 금지된 약물을 사용하는 일 ○ 법으로 금지된 약물은 아니라도 사용자의 정상적인 생활에 지장을 주고 사용자 본인과 주변사람들에게 피해를 주는 약물을 사용하는 일 (예: 성인의 알코올 남용)
결과	○ 질병 및 증상의 악화 ○ 약물 부작용 유발 ○ 시간 및 비용 낭비	○ 학업 및 직장 생활 실패, 기타 사고 ○ 신체 손상 및 질병 유발 ○ 자살 및 자살 시도 ○ 가정 파탄, 경제적 파산 ○ 폭행, 절도, 상해 등 범죄와 연관

3) 술이 주는 해로움

① 술도 약물이다.

술(알코올)이 인체에서 대사되는 과정에서 발생하는 아세트알데히드는 유해 · 독성 물질이다.

② 술이 우리 몸에 미치는 영향

중추신경을 억제시켜 마취효과를 낸다.

사고, 판단 기능을 떨어뜨린다.

지방이 간에 축적되는 지방간을 일으킨다.

임산부가 마시면 태아가 기형아가 될 수 있다.

어린이가 마시면 뇌 발달이 제대로 이루어지지 않는다.

③ 술과 사회문제

술 취한 상태에서의 범죄가 증가한다.

음주운전으로 인한 교통사고의 위험이 따른다.

알코올 중독자의 증가로 치료비 요양비 등 사회적 비용이 증가한다.

4) 담배가 주는 해로움

① 담배에 들어있는 해로운 성분 니코틴

○ 니코틴 : 아편과 거의 같은 수준의 습관성 중독을 일으키기 때문에 약학적으로는 마약으로 분류되고 있다. 많은 양의 니코틴은 신경을 마비시켜 환강상태에까지 이르게 한다.

○ 그 밖의 유해물질 : 방부제, 독가스, 독극물, 살충제, 소독제, 자동차 매연성분, 발화성 가스 등

② 담배로 인한 피해

○ 암이 발생하게 한다. ○ 기억력이 나빠진다.

○ 폐를 검게 만든다. ○ 중독성이 있다.

○ 담배를 직접 피우지 않아도 피우는 사람이 옆에 있으면 해롭다.

5) 인터넷 게임 중독의 심각성

인터넷 게임 중독이란 게임에 몰입하고 탐닉하여 만족하기 위해서 게임시간을 더 늘이는 내성현상과 현실의 인간관계보다 게임에 몰두하고 게임을 하지 않으면 불안, 초조, 환상 등의 금단현상을 경험하는 것으로 정의된다.

게임중독이란 '게임을 함으로써 게임에 강박적으로 의존하게 되고, 해로운 것을 자각함에도 불구하고 내성이 생겨 지속적으로 사용 시간이 늘어나며, 게임을 그만두었을 때는 금단증상까지도 나타나고 이로 인해 인상적 생활, 학업 및 직장생활, 사회적 관계 형성 및 인간관계에 있어 정상적 상태를 유지하지 못하는 상태' 라고 정의할 수 있다.

전문가들은 게임을 대하는 아동, 청소년의 태도를 크게 3단계로 나눈다.

1단계는 여가 시간을 게임으로 보내는 일반적인 경우다. 이때는 가정과 학교에서의 적절한 교육으로 중독 방지가 가능하다. 컴퓨터를 거실에 놓아 혼자 방에서 게임하는 시간을 줄이고, 가족들이 함께 즐길 수 있는 게임을 하도록 도와주면 된다.

2단계는 게임 때문에 부모와 갈등을 빚고 아이템을 사려 용돈을 빼돌리는 중독 증상이 발생할 때이다. 이 상태에서는 부모의 힘만으로는 해결하기가 쉽지 않기 때문에 상담센터 등 전문가들의 도움이 필요하다.

3단계는 완전 중독 상태를 말한다. 여기에 이르면 마약 중독과 다를 게 없다. 판단력을 상실하고 학교를 가지 않는 등 현실격리 현상이 나타난다. 게임중독 환자는 필요하면 약물치료를 포함한 병원 진료를 받아야 한다.

6) 올바른 인터넷 사용 교육의 중요성

지식정보화시대에 살고 있는 요즘 인터넷 이용 시간이 늘어가고 있다. 현실 사회와 사이버 공간의 가장 큰 차이점은 사이버 공간에서의 익명성의 보장을 들 수 있을 것이다. 이것은 우리에게 장점으로 다가올 수도 있겠지만, 상당한 부작용으로 작용할 수도 있다. 학생들이 사이버 공간을 좀더 밝고 건전한 만남의 장으로 이용하기 위해서는 올바른 인터넷 사용방법 교육이 절실하다.

토의학습을 통해 인터넷의 좋은 점과 나쁜 점을 알아보고 건전한 누리꾼으로서의 올바른 생활태도를 익힌다.

7) 나의 인터넷 사용 지수

나의 인터넷 사용에 대하여 솔직하게 점검해 보고 고쳐야 할 점을 생각해 봅시다.

문항	내용	전혀 아니다	약간 그렇다	보통 이다	상당이 그렇다	완전히 그렇다
1	인터넷이나 통신을 의도했던 것보다 아주 오래한다.	1	2	3	4	5
2	인터넷이나 통신을 하느라고 공부를 소홀히 한다.	1	2	3	4	5
3	친구들과 있는 것보다 인터넷이나 통신을 하는 것이 더 즐겁다.	1	2	3	4	5
4	인터넷이나 통신을 하면서 새 친구를 자주 사귄다.	1	2	3	4	5
5	인터넷이나 통신에 시간을 많이 쓴다고 주위 사람들이 불평을 한다.	1	2	3	4	5
6	무슨 일을 하기 전에 이메일부터 확인한다.	1	2	3	4	5
7	인터넷 때문에 공부하는데 집중력이 떨어진다.	1	2	3	4	5
8	내가 인터넷으로 무엇을 하는지 숨기고 싶어한다.	1	2	3	4	5
9	인터넷을 하면 현실의 골치아픈 생각이 잊혀진다.	1	2	3	4	5
10	인터넷을 하는 시간이 기다려진다.	1	2	3	4	5

11	인터넷이 없다면 내 인생이 허무할 것이다.	1	2	3	4	5
12	인터넷을 누가 방해하면 기분이 나빠지고 화를 낸다.	1	2	3	4	5
13	밤새 인터넷을 한 적이 있다.	1	2	3	4	5
14	인터넷을 하지 않을 때 인터넷을 상상한다.	1	2	3	4	5
15	인터넷을 마치려고 할때 조금만 더 하면서 계속 한다.	1	2	3	4	5
16	인터넷을 하는 시간을 줄이려고 했지만 실패했다.	1	2	3	4	5
17	인터넷 사용 시간을 부모님에게 숨기려고 거짓말을 한다.	1	2	3	4	5
18	친구나 가족과 지내기보다 인터넷이 더 좋다.	1	2	3	4	5
19	인터넷을 하지 않으면우울하거나 불안하다가 시작하면 다시 좋아진다.	1	2	3	4	5
20	인터넷 때문에 성적이 떨어진다.	1	2	3	4	5
	총점					
○ 29~39 : 평균적인 인터넷 사용자입니다. ○ 40~69 : 인터넷 사용에 문제가 있다. 요 주의! ○ 70~100 : 인터넷 때문에 생활에 중대한 문제가 발생하고 있다. 적극적인 절제 요망						

〈출처: 서울시 교육청〉

8) 건전한 누리꾼이 되기 위한 다짐

○ 인터넷에서 지켜야 할 네티켓

사이버 공간에서 상대방에게 모욕을 주지 않는다.

사이버 공간에서 의견을 말할 때에는 가능하면 실명을 말한다.

자신에게 어울리지 않는 사이트는 방문하지 않는다.

자신의 신분과 이미지를 속이고 거짓말을 하지 않는다.

인터넷에서 얻은 정보를 자신의 것인 양 속이지 않는다.

○ 건전한 누리꾼이 되기 위한 다짐

컴퓨터의 인터넷 사용 시간은 1시간 이내로 정한다.

인터넷은 건전한 사이트에 들어간다.

불건전한 사이트는 신고 센터에 고발한다.

TV 프로나 비디로도 건전한 것만 본다.

- 게임이나 채팅으로 시간을 낭비하지 않는다.

9) 인터넷 중독 폐해 · 예방법

① 컴퓨터라는 매체의 사용목적을 알려주는 것이 중요하다

컴퓨터는 게임을 하기 위한 게임기의 목적이 아닌 정보의 도서관, 생활도구, 문화도구라는 인식의 전환이 필요하다. 우리 아이들에게 컴퓨터라는 매체의 쓰임새에 맞게 잘 활용하도록 가르쳐 주는 것이 중요하다.

② 인터넷 사용 수칙을 정해서 지키도록 하는 것이 바람직하다.

자녀의 연령이 낮을수록 보다 쉽고도 구체적인 인터넷 사용법을 알려주고 실천을 격려해 주는 것이 좋다. 자녀가 중 · 고등학생일 경우에는 일주일에 하루를 인터넷을 사용하지 않는 날로 정하여 인터넷 사용을 절제하는 수칙을 정하여 실천하도록 격려하는 것이 좋다.

③ 청소년들의 쉬는 토요일이나 여과시간에 특히 인터넷 과다 사용에 주의해야 한다.자녀의 연령이 낮을수록 보다 쉽게 여과시간에 인터넷 게임 이외에 적당한 놀이 문화가 부족한 오늘 날의 놀이문화에서 우리 아이들의 학교수업이나 공부에서 잠시 벗어나는 주말에 인터넷 게임에 몰두할 가능성이 크다. 이러한 시간대에 다양한 활동, 특히 실내 활동보다 실외에서 할 수 있는 야외활동을 적극적으로 참여해야 좋다.

④ 인터넷의 폐해를 예방하기 위하여 함부로 자신의 주민번호, 이름 등 개인정보를 공개하지 않고 인터넷에서 만난 사람을 밖에서 만나지 않는다.

⑤ "인터넷 상에서 누군가 나를 속여 자신의 이득을 취하려고 한다." 는 생각을 항상 갖고 주의를 기울여야 하며 혹시 불안한 점이 있으며 즉시 선생

님, 부모님께 말씀드린다.

6. 승강기 사고 예방법

1) 승강기 사례별 예방법

사례1. 6인승 엘리베이터에 11명이 탑승하여 하강 중 엘레베이터가 목적층에 정지하지 못하고 계속 하강하여 완충기와 충돌하였고 그 충격으로 탑승자 4명이 부상을 입는 사고가 발생하였습니다.

○ 사고 원인 및 예방법
승강기 이용 시 정원 또는 적재하중의 초과는 사고의 원인이 되므로 정원을 초과하지 않도록 하여야 합니다.

사례2. 운행 중인 승강기가 층과 층 사이에 정지하자 갇혀 있던 어린이가 육성으로 구조를 요청하면서 도어를 연 후 약 50cm 가량 위에 위치한 승강장 문을 열려고 시도하다 바닥 앞부분과 승강장 문 사이로 실족하여 추락하였습니다.

○ 사고 원인 및 예방법
승강기가 운행 중 갑자기 정지하면 인터폰으로 구출을 요청하여야 하며, 탈출을 시도하지 말아야 합니다.

사례3. 피해자와 동료 1명이 술에 취한 상태에서 2층 승강장 문을 발로 차고 승강장 문에 기대는 순간 도어 가이드 슈가 실홈에서 이탈하면서 피해자가 피트로 추락하였습니다.

○ 사고 원인 및 예방법

승강기의 출입문을 흔들거나 밀지 말아야 하며, 출입문에 기대지 말아야 합니다.

사례4. 피해자가 1층에서 애완견과 함께 탑승하여 9층으로 향하던 중 5층에서 정차하자 개줄이 피해자의 손가락에 걸린 상태에서 애완견이 밖으로 뛰쳐나감과 동시에 승강장 문이 닫히면서 상승하여 피해자의 손가락이 절단되는 사고가 발생하였습니다.

○ 사고 원인 및 예방법

승강기 이용 시 애완동물의 관리를 소홀히 해서는 안 됩니다.

사례5. 어린아이가 에스컬레이터의 승강로에서 노출 또는 잘 끼는 신발(슬리퍼, 고무장화 등)을 신고 디딤판 가장자리에 탑승하여 승강하던 중 스텝과 스커트 가드 틈새에 발이 끼이는 사고가 발생하였습니다.

○ 사고 원인 및 예방법

어린이나 노약자는 보호자가 잡고 타야하며, 디딤판 가장자리에 표시된 황색 안전선의 밖으로 발이 벗어나지 않도록 하고 옷이나 물건 등이 틈새에 끼이지 않도록 주의하여야 합니다.

사례6. 하강하는 에스컬레이터에서 어린이가 탑승하여 진행방향과 반대방향으로 올라 가다가 넘어져 콤과 디딤판 사이에 오른손이 끼이면서 손가락이 절단되었습니다.

○ 사고 원인 및 예방법

디딤판 위에서 뛰거나 장난을 치지 말아야 하며, 반대방향으로 운행 중인 에스컬레이터를 이용하면 안 됩니다.

사례7. 어린이가 보호자와 동행하지 않고 혼자서 수평보행기에 탑승하여 장난을 치다가 하강구에서 넘어지면서 옷이 디딤판과 콤의 틈새에 빨려 들어가 좌측 허벅지에 부상을 입는 사고가 발생하였습니다.

○ 사고 원인 및 예방법

유아나 애완동물은 보호자가 안고 타야하며, 어린이나 노약자는 보호자가 손을 꼭 잡고 타야 합니다.

사례8. 단체관광중인 할머니들이 에스컬레이터를 타고 상승하던중 한 분이 상부 승강장 부근에서 몸의 중심을 잃고 뒤로 넘어지면서 뒤따라오던 할머니들이 연쇄적으로 넘어져 부상을 입는 사고가 발생하였습니다.

○ 사고 원인 및 예방법

에스컬레이터 이용 시에는 핸드레일을 잡고 있어야 합니다.

사례9. 어린이가 보호자와 함께 에스컬레이터를 이용하여 하강하던 중 스텝에 떨어진 물건을 줍는 과정에서 오른손 손가락이 디딤판과 디딤판 사이에 끼여 검지, 중지, 약지가 절단되었습니다.

○ 사고 원인 및 예방법

에스컬레이터 이용 시에는 옷이나 물건 및 신체 등이 틈새에 끼이지 않도록 주의하여야 합니다.

2) 승강기 사고 예방법

① 엘리베이터

○ 용도에 맞도록 사용하고 정원 및 적재하중을 초과하지 않아야 합니다.

○ 승강기 안에서 뛰거나 장난치면 안 됩니다.

○ 어린이나 노약자는 보호자와 함께 타야 합니다.

○ 승강장 문에 기대거나 강제로 열면 안 됩니다.

○ 버튼이나 스위치를 장난으로 난폭하게 다루면 안 됩니다.

○ 사용중지, 고장 또는 점검 중이라는 표시가 붙은 승강기는 절대로 사용하면 안 됩니다.

○ 승강기를 타거나 내릴 때 승강기가 정지하면 즉시 행동하지 말고 잠시 동안 내부나 외부를 살핀 후 행동해야 합니다.

○ 승강기에 이상이 생기면 외부에 연락을 하고 승강기 안에서 조용히 기다립니다.

○ 승강기 안에 쓰레기를 버리면 고장의 원인이 될 수 있습니다.

○ 화재 시에는 절대로 승강기를 타지 말고 비상계단을 이용해야 합니다.

② 에스컬레이터

○ 핸드레일은 잡고 있어야 하며, 어린이는 반드시 잡고 타야 합니다.

○ 에스컬레이터가 움직이는 방향과 반대로 오르내리면 안 됩니다.

○ 옷이나 물건 등이 틈새에 끼지 않도록 주의해야 합니다.

○ 애완동물은 반드시 안고 타야 합니다.

○ 핸드레일 위에 올라타면 떨어져서 다칠 수 있습니다.

○ 핸드레일 밖으로 몸을 내밀지 말아야 합니다.

○ 디딤판어서 뛰거나 장난치면 안 됩니다.

○ 반드시 디딤판의 황색 안전선 안에 타야 합니다.

○ 에스컬레이터에 물건을 싣고 타면 위험합니다.

○ 에스컬레이터의 발판에 앉아서 타는 행동은 위험합니다.

3) 승강기 사고시 행동 요령

○ 엘리베이터 사고 시 요령

엘리베이터 문이 열리지 않을 경우 인터폰을 눌러 승강기 고장을 알려야 합니다.

인터폰이 울리지 않으면 엘리베이터 안에 붙어있는 전화번호나 119로 전화를 해야하며, 큰 소리로 다른 사람들에게 알려야 합니다.

관리실이나 119구조대 아저씨들이 올 때까지 침착하게 기다려야 합니다. (일리베이터는 떨어지거나 숨이 막힐 염려가 없습니다. 안심하세요.)

○ 에스컬레이터 사고 시 요령

사고가 났을 경우 옆 사람에게 큰 소리로 알려 비상정지 버튼을 누르게 합니다.

옷이나 운동화 끈이 끼면 빨리 벗고 안전한 장소로 피해야 합니다.

넘어졌을 경우 재빨리 손잡이를 잡고 일어나야 합니다.

4) 승강기 관련 범죄 사고 예방법

1. 상대방의 행동이 의심될 경우 같이 타지 않거나 먼저 보내야 한다.
2. 상대방이 버튼을 먼저 누르게 해서 자신의 위치를 노출시키지 말아야 한다.
3. 상대방보다 뒤에 서서 유사시를 대비해야 한다.
4. 잠재적 범죄 피해 상황을 대비하여 비상벨 옆에 있어야 한다
5. 당황하지 말고 비상벨을 눌러 외부도움을 청한다.

5) 승강기 이용자 준수사항

1) 엘리베이터

운전자가 있을 경우에는 그의 안내에 따르고, 자동운전방식일 경우에는 승강기내에 부착된 유의사항을 지켜야 한다.

운행관리자의 입회 없이 부피가 큰 화물 등을 무단으로 싣지 말아야 한다.

조작반의 인터폰 및 비상정지스위치 등을 장난으로 조작하지 말아야 한다.

승강기 내에서 뛰거나 구르는 등 난폭한 행동을 하지 말아야 한다.

정전 등의 이유로 실내조명이 꺼지더라도 당황하지 말고 인터폰으로 연락하여야 한다.

구조의 요청으로 구출되는 경우 반드시 구출자의 지시에 따라야 한다.

승강기 내에서는 담배를 피우지 말아야 한다.

지정된 용도 이외에는 사용하지 말아야 한다.

승강장 문을 강제로 개방하는 행위 등을 하지 말아야 한다.

문턱 틈에 이물질 등을 버리지 말아야 한다.

2) 에스컬레이터

옷이나 물건 등이 틈새에 끼이지 않도록 주의하여야 한다.

디딤판 위에 앉거나 맨발로 탑승하지 말아야 한다.

유모차등은 접어서 지니고 타야하며, 수레 등은 싣지 말아야 한다.

다만, 에스컬레이터에 탑재 가능하도록 특수한 구조로 안전하게 설치된 경우에는 그러하지 아니한다. (수평보행기 제외)

화물을 디딤판 위에 올려놓지 말아야 한다. (수평보행기 제외)

담배를 피우거나 담배꽁초, 껌 등 쓰레기를 버리지 말아야 한다.

비상정지버튼을 장난으로 조작하지 말아야 한다.

6) 승강기 이용자 과실사고와 예방법

1) 사고내용 : 피해자가들이 승강장문 앞에서 몸싸움을 벌이다 승강장 문에 충격을 가하여 승강기 아래로 추락한 사고

예방대책 : 승강기의 출입문을 흔들거나 밀지 말아야 하며 문에 기대지 말아야 함

2) 사고내용 : 승강장에서 승강장문의 깨어진 방범창 안으로 피해자가 머리를 밀어 넣는 순간 하강하던 카가 머리에 충돌하여 그 충격으로 사망

예방대책 : 방범창 안쪽으로 신체 일부를 밀어 넣거나 승강로 내로 진입 금지

3) 사고내용 : 피해자가 엘리베이터가 멈춰 갇히게 되자 강제로 카 및 승강장 문을 열고 탈출을 시도하다 승강로 내로 추락한 사고

예방대책 : 승강기가 정지하면 인터폰으로 구출을 요청하고 탈출을

시도하지 말 것

4) 사고내용 : 피해자가 개 줄이 손가락에 감긴 상태에서 애완견과 함께 엘리베이터를 이용하던 중 승강장 문이 닫히면서 카가 상승하여 피해자의 손가락이 절단됨
예방대책 : 개 줄이나 끈 등은 신체에 묶지 말고 애완동물은 안고 탑승

5) 사고내용 : 피해자들이 화재로 엘리베이터를 타고 내려오던 중 호출버튼이 녹아 배선이 융착되어 카가 정지하여 승강장문이 열린 상태에서 유독가스에 질식되어 사망
예방대책 : 화재 발생 시 비상계단을 통해 대피

6) 사고내용 : 승강장 문이 열려져 있는 상태인 자동차용 엘리베이터에서 어린이가 장난하러 들어갔다가 출입구 반대편의 카 바닥 앞부분과 승강로 벽과의 틈 사이로 추락
예방대책 : 자동차용 엘리베이터는 운전자 외 탑승 금지

7) 사고내용 : 자동차용 엘리베이터에서 화물을 반출하던 중 카 바닥 앞부분과 승강로 벽 틈새(120cm)로 화물이 넘어지면서 운반원이 추락
예방대책 : 지정된 용도 이외에는 사용하지 말아야 함

8) 사고내용 : 피해자가 에스컬레이터를 탑승하여 대화를 하기 위해 몸을 주행방향의 반대방향으로 내려가던 중 신발이 디딤판과 디딤판 사이에 끼이면서 발생한 사고

예방대책 : 디딤판 가장자리에 표시된 황색 안전선의 밖으로 발이 벗어나지 않도록 하여야 한다.

9) 사고내용 : 피해자가 손잡이를 잡지 않은 상태로 에스컬레이터에 탑승하여 올라가던 중 하부천이 구간에서 중심을 잃고 넘어진 사고
예방대책 : 에스컬레이터 이용 시 손잡이를 잡고 타야 함

10) 사고내용 : 피해자가 술에 취한 상태에서 에스컬레이터를 타고 올라가던 중 쓰고 있던 모자가 떨어지자 이를 잡으려다 중심을 잃고 넘어짐
예방대책 : 음주 등으로 인한 몸의 균형을 잡기 어려운 경우 에스컬레이터 이용자제

7. 식품 안전

1) 식중독 유발 식품 유형과 특성

○ 아무런 표시가 없는 무표시 또는 무신고 식품
제조업소명, 유통기한, 원재료 등 표시사항이 없는 식품

○ 유통기한이 지난 식품
식품 구매 시 유통기한 확인

○ 허용되지 않은 타르색소 및 표백제 불법 사용식품
색깔이 유난히 하얗거나 빛나는 식품, 허용 외 타르색소가 함유된 식품

○ 부패 · 변질된 식품
상하거나 색이 변한 식품
이상한 맛이나 냄새가 나는 식품
곰팡이가 핀 식품

○ 유통기한(제조일자) 변조 식품

스티커가 이중으로 붙어 있는 식품

상이한 유통기한이 2개 이상 표시된 식품

○ 성적 호기심 유발 등 미풍양속을 저해하는 식품

○ 기타 불결한 식품

포장상태가 불량

불결한 장소에서 판매

비위생적 취급

머리카락이 들어있는 식품

비위생적으로 노상에 진열된 식품

○ 보관기준 위반 식품

냉동식품인데 냉장고에 보관된 식품

냉장 · 냉동식품이 상온에 보관된 식품

직사광선에 노출된 식품

2) 식중독균의 종류, 증상, 예방법

식중독	감염경로	증상	예방법
살모넬라균	○ 돼지, 닭, 오리 등의 고기나 알 ○ 쥐, 파리, 바퀴 등의 곤충에 의해 감염	○ 우리나라에게 가장 흔한 식중독	○ 조리 및 저장실의 철저한 위생관리
장염 비브리오균	○ 여름철 어패류의 조리나 생식에 의해 감염	○ 복통과 설사로 시작하여 구토, 두통, 발열	○ 여름철 해산물을 날로 먹는 것에 유의 ○ 조리 기구나 행주 소독과 청결 유지

포도상 구균	○ 가장 발생률이 높은 독소형 식중독으로 우유나 유제품, 김밥, 도시락에 의해 감염	○ 급성 위장염증상 타액 분비 증가, 메스꺼움, 구토, 복통, 설사로 인한 탈수	○ 다른 식중독과는 달리 100℃에서 30분간 끓여도 사멸되지 않으므로 조리할 때 위생 관리 및 개인위생 유지
보톨리누스균	○ 토양과 진공 포장된 식품에 의해 감염	○ 시력저하, 복시, 동공산대, 변비, 복부 팽만	○ 야채는 물로 충분히 씻어 흙 제거하기
병원성 대장균 O-157	○ 소, 돼지 등 가축 배설물에 오염된 식품을 먹거나 육류를 날 것으로 먹을 때 감염	○ 급성 장염증상	○ 채소나 과일은 잘 씻거나 껍질을 벗기며 도마, 식칼, 행주 등은 삶아서 사용

3) 가정에서 식중독 예방 요령

① 음식물 구입

○ 쇠고기 닭고기 등 육류, 생선, 채소 등은 신선한 것을 구입하고, 가공식품은 표시사항 중 유통기한을 확인하고 구입합니다.

○ 육류나 생선과 같이 수분이 많은 것은 비닐봉지에 나누어 포장합니다.

○ 냉장이나 냉동이 필요한 식품은 맨 나중에 구입합니다.

② 음식물 보관

○ 냉장이나 냉동이 필요한 식품은 바로 냉장고나 냉동고에 보관합니다.

○ 냉장고나 냉동고 용량의 70% 이상으로 음식물을 넣어 보관하지 않아야 합니다.

○ 냉장은 10° C 이하, 냉동은 18° C 이하를 유지합니다.

○ 육류나 생선은 비닐봉지나 뚜껑이 있는 용기에 넣어 다른 식품을 오염시키지 않도록 보관합니다.

③ 음식물 준비

○ 행주와 조리대 등 주방은 청결하게 유지합니다.

○ 조리하기 전에 손을 항상 씻어 줍니다.

○ 생선, 육류, 계란을 취급한 후, 애완동물을 만지거나 화장실을 이용한 후, 아기 귀저기를 교환한 후에는 반드시 손을 씻어 줍니다.

○ 생선, 육류를 자른 후 칼과 도마는 세제를 사용하여 깨끗이 씻은 후 사용하고, 채소류 ⇒ 육류 ⇒ 어류의 순으로 사용합니다.

○ 냉동식품의 해동은 전자레인지를 사용하거나, 오염되지 않게 밀폐용기에 넣어 흐르는 물로 해동합니다.

○ 요리에 사용할 분량만 해동하고, 해동이 끝나면 바로 조리합니다.

○ 칼, 식기, 도마, 행주, 수세미 등은 사용 후 바로 세척하거나 흐르는 물에 잘 씻은 후 끓는 물에서 살균 · 소독하여 사용합니다.

④ 음식물 조리

○ 조리를 시작하기 전에 조리대 주변의 청결상태를 한 번 더 확인하고, 손을 깨끗이 씻어 줍니다.

○ 조리 가열하는 음식물의 중심부 온도가 74℃ 이상 되도록 1분 이상 충분히 가열합니다.

○ 전자레인지를 사용하는 경우는 전자레인지용 용기를 사용하고 조리시간을 잘 지킵니다.

⑤ 식사

○ 식사 전에 손을 깨끗이 씻어줍니다.

○ 청결한 기구 · 식기를 사용합니다.
○ 따뜻하게 먹는 요리는 항상 따뜻하게(65° C 이상), 차게 먹는 요리는 항상 차게(10℃ 이하) 보관 · 유지합니다.
○ 조리한 식품은 실온에 장시간 두지 않습니다.

⑥ 남은 음식 처리

○ 남은 식품은 깨끗한 용기에 넣어 보존합니다.
○ 오래 지난 음식은 과감히 버립니다.
○ 남은 식품을 데울 때에도 충분히 가열합니다.
○ 조금이라도 의심되면 바로 버립니다.

4) WHO가 추천하는 안전한 식생활을 위한 10대 원칙

- 안전하게 가공된 식품을 선택합니다.
- 완전하게 가열, 조리합니다.
- 조리된 식품은 즉시 먹습니다.
- 조리된 식품은 변질되지 않게 냉-온장 보관합니다.
- 한 번 조리되었던 식품은 다시 가열하여 먹습니다.
- 날 음식과 조리된 음식은 섞이지 않도록 합니다.
- 손을 자주 청결히 씻어줍니다.
- 부엌 조리대는 청결하게 유지합니다.
- 식품은 곤충, 쥐, 기타 동물들로부터 안전하게 보관합니다.
- 식품의 세척, 조리 시는 반드시 깨끗한 물을 사용합니다.

5) 식품 안전수칙

장소	예방법
불량 식품	○ 아무런 표시가 없는 무표시 또는 무신고 식품 ○ 제조일자, 유통기한을 변조한 식품 ○ 유통기한이 경과된 식품 ○ 부패되었거나 변질된 식품 ○ 성적호기심 유발 등 미풍양속 저해 식품 ○ 사행심을 조장하는 식품 ○ 기타 포장지가 훼손되거나 불결한 장소에서 판매되는 식품 위에 해당하는 식품은 절대 사먹지 않아야 합니다.
식중독	○ 식사 전후에 꼭 손을 비누로 깨끗이 씻어줍니다. ○ 상한 음식은 먹지 않습니다. ○ 음식을 날로 먹지 않습니다. ○ 물은 항상 끓여서 마십니다. ○ 동물이나 흙을 만진 후에는 가능한 빨리 손을 씻어줍니다. ○ 유효기간이 지나거나 보관 상태가 나쁜 음식은 먹지 않아야 합니다.
유해 물질	○ 색깔이 너무 알록달록하게 예쁜 것은 먹지 않아야 합니다. 특히 안전성이 확인되지 않은 식용색소가 사용된 제품도 있는데 황색4호, 황색5호, 적색2호는 알레르기와 천식, 체중감소, 설사 등을 유발할 수 있습니다. 포장지에 이런 것이 적혀 있으면 먹지 않아야 합니다. ○ 표백제 또는 허용 외 타르색소 사용 식품은 먹지 않아야 합니다. 색이 유난히 하얗거나 빛나는 식품은 표백제를 사용했을 가능성이 있습니다.

6) 손씻기의 중요성과 올바른 방법

비누를 사용하여 손을 씻으면 세균, 먼지를 씻어내 주어 전염병의 70%를 예방합니다. 세균에 따라 일반적인 손 세척으로는 쉽게 제거되지 않는 세균도 있습니다. 따라서 위생적인 손 씻기를 위해 올바른 손 씻기 6단계 방법을 익히는 것이 필수적입니다.

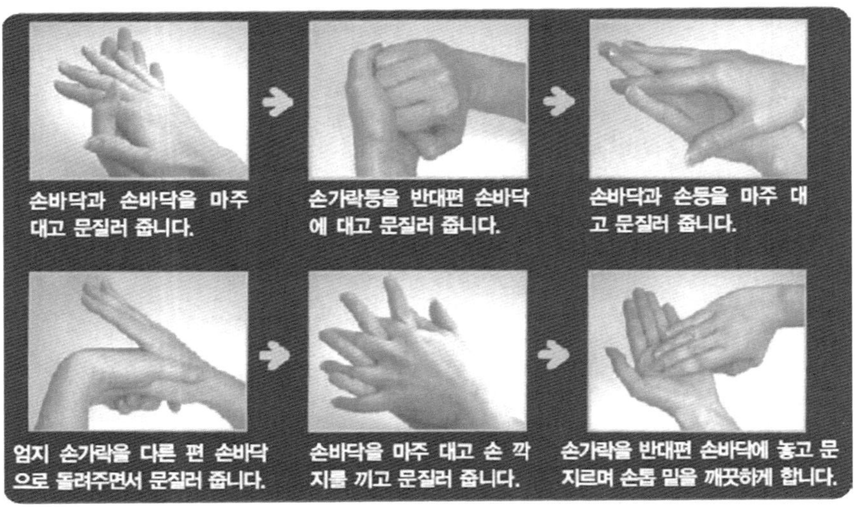

V 신변 안전 및 가정 · 학교 사고 예방법

1. 유괴 예방법

1) 유괴범이 자주 사용하는 4가지

① 칭찬 · 호기심 유발형 : "똑똑하게 생겼구나." 하며 칭찬을 하거나 과자 및 선물을 사 주거나 돈을 주면서 같이 가자고 하면 먼저 부모님께 말씀을 드리고 허락을 받아야 한다고 거절한다.

○ 선물 등을 주면서 같이 가자고 하면서 유괴한다.
어린이들이 좋아하는 물건이나 돈을 이용한다.
얼굴이 예쁘니 TV에 출연시켜 주겠다고 하는 식의 자부심과 명성을 이용한다.
→ 유명한 운동선수나 연예인을 보여주겠다고 하여 유인한다.
과자나 선물을 사주거나 돈을 주면서 같이 가자고 하면 먼저 부모님께 말씀을 드리고 허락을 받아야 한다고 거절한다.

② 지인 사칭형 : 부모가 병원에 입원했다고 거짓말하거나 부모님을 친구, 친척이라 며 같이 가자고 하면 아는 사람이라고 해도 절대로 따라가지 않는다.

○ 부모님의 친구, 친척이라며 같이 가자고 하면서 유괴한다.
가족 등 가까운 사람이 위험에 빠졌다고 가장하여 걱정과 공포심을 이용한다.
유아의 옷이나 가방에 새겨진 아이의 이름을 부르거나 다니고 있는 유치원의 이름을 대면서 잘 알고 있는 사람처럼 말하며 접근한다.
→ 부모가 병원에 입원했다고 거짓말하거나 부모님은 친구,친척이라며 같이 가자고 하면 아는 사람이라고 해도 절대로 따라가지 않는다.

③ 동정심 유발형 : 물건을 들어주거나 주워달라고 하거나 길을 잘 모른다고 같이 가서 알려달라고 하면 '같이 갈 수 없어요, 다른 어른에게 물어보세요.' 하고 싫다고 말한다.

○ 길을 잘 모른다고 같이 가서 알려달라고 하면서 유괴한다.
걸어가면서 길을 가르쳐 달라고 하는 등 무능력하고 도움이 필요한 것으로 가장하며 유인한다.
경찰이나 조사관을 가장하여 자신의 말을 믿고 따르도록 아동에게 자신의 위치를 사용하는 권위를 이용한다.
→ 물건을 들어주거나 주워달라고 하거나 길을 잘 모른다고 같이 가서 알려달라고 하면 '같이 갈 수 없어요, 다른 어른에게 물어보세요' 하고 싫다고 말한다.

④ 강제 유괴형 : 한적한 골목으로 유인하는 방법으로 강제로 가자고 하거나 데려가려고 하면 '안돼요! 싫어요! 도와주세요!' 하고 큰소리로 외친다.

○ 무조건 강제로 끌고 간다.
같이 가지 않으면 위험한 일이 생길 것이라고 하며 위협과 공포심을 이용한다.
술이나 수면제 등이 들어 있는 약물을 이용한다.
→ 한적한 골목으로 유인하는 방법은 강제로 가자고 하거나 데려가려고 하면 '안돼요! 싫어요! 도와주세요!' 하고 큰소리로 외친다.
일반적으로 험상궂은 인상의 사람이 유괴범이라고 생각하겠지만, 유괴범의 모습은 험상궂을 수도 인자하게 생길 수도 있다. 오히려 친절하게 말하고 선물도 주며 호감을 줄만한 사람일 가능성이 높다.

또한 유괴범은 낯선 사람일 수도 있고, 이미 알고 있는 사람이 될 수도 있다.

2) 유괴범이 자주 사용하는 4가지 유형

① 칭찬 · 호기심 유발형 : "똑똑하게 생겼구나." 하며 칭찬을 하거나 과자 및 선물을 사 주거나 돈을 주면서 같이 가자고 하면 먼저 부모님께 말씀을 드리고 허락을 받아야한다고 거절한다.

○ 선물 등을 주면서 같이 가자고 하면서 유괴한다.
어린이들이 좋아하는 물건이나 돈을 이용한다.
얼굴이 예쁘니 TV에 출연시켜 주겠다고 하는 식의 자부심과 명성을 이용한다.
→ 유명한 운동선수나 연예인을 보여주겠다고 하여 유인한다.
과자나 선물을 사주거나 돈을 주면서 같이 가자고 하면 먼저 부모님께 말씀을 드리고 허락을 받아야 한다고 거절한다.

② 지인 사칭형 : 부모가 병원에 입원했다고 거짓말하거나 부모님을 친구, 친척이라며 같이 가자고 하면 아는 사람이라고 해도 절대로 따라가지 않는다.

○ 부모님의 친구, 친척이라며 같이 가자고 하면서 유괴한다.
가족 등 가까운 사람이 위험에 빠졌다고 가장하여 걱정과 공포심을 이용한다.
유아의 옷이나 가방에 새겨진 아이의 이름을 부르거나 다니고 있는 유치원의 이름을 대면서 잘 알고 있는 사람처럼 말하며 접근한다.
→ 부모가 병원에 입원했다고 거짓말하거나 부모님은 친구, 친척이라며 같이 가자고 하면 아는 사람이라고 해도 절대로 따라가지 않는다.

③ 동정심 유발형 : 물건을 들어주거나 주워달라고 하거나 길을 잘 모른다고 같이 가서 알려달라고 하면 '같이 갈 수 없어요, 다른 어른에게 물어보세요.' 하고 싫다고 말한다.

○ 길을 잘 모른다고 같이 가서 알려달라고 하면서 유괴한다.
걸어가면서 길을 가르쳐 달라고 하는 등 무능력하고 도움이 필요한 것으로 가장 하며 유인한다.
경찰이나 조사관을 가장하여 자신의 말을 믿고 따르도록 아동에게 자신의 위치를 사용하는 권위를 이용한다.
→ 물건을 들어주거나 주워달라고 하거나 길을 잘 모른다고 같이 가서 알려달라고 하면 '같이 갈 수 없어요, 다른 어른에게 물어보세요' 하고 싫다고 말한다.

④ 강제 유괴형 : 한적한 골목으로 유인하는 방법으로 강제로 가자고 하거나 데려가려고 하면 '안돼요! 싫어요! 도와주세요!' 하고 큰소리로 외친다.

○ 무조건 강제로 끌고 간다.
같이 가지 않으면 위험한 일이 생길 것이라고 하며 위협과 공포심을 이용한다.
술이나 수면제 등이 들어 있는 약물을 이용한다.
→ 한적한 골목으로 유인하는 방법은 강제로 가자고 하거나 데려가려고 하면 '안돼요! 싫어요! 도와주세요!' 하고 큰소리로 외친다.

일반적으로 험상궂은 인상의 사람이 유괴범이라고 생각하겠지만, 유괴범의 모습은 험상궂을 수도 인자하게 생길 수도 있다. 오히려 친절하게 말하고 선물도 주며 호감을 줄만한 사람일 가능성이 높다.
또한 유괴범은 낯선 사람일 수도 있고, 이미 알고 있는 사람이 될 수도 있다.

3) 유괴의 목적과 접근방법

○ 유괴의 목적

협박이나 폭행 등과 같은 폭력을 행사하지 않고 기망이나 유혹을 수단으로 유인하여 그 의도를 쉽게 알아차리지 못하게 한다.

① 모성 욕구 : 유괴 장소 부근에서 찾게 된다. 주로 병원에서 유괴를 하고, 유괴 장소 부근에 사는 경우가 많다.

② 성적 욕구 : 성적욕구 충족이 가장 대표적인 동기가 된다.

③ 경제적 이익 : 아동을 인질로 양육자에게서 물질 등의 경제적 이익을 얻으려는 것이다.

④ 복수 : 주로 낯선 사람에 의해서보다 이혼상태이거나 양육권 분쟁 중, 아동을 양육하지 않고 있는 부모에 의해서 많이 일어나고 있다.

⑤ 살인 욕구 : 유괴당한 아동이 목숨을 잃는 경우는 살아서 돌아오는 경우에 비해 훨씬 적다. 가해자가 유괴한 아동을 죽이는 경우에 그것은 우발적인 행동이기보다는 이미 살해하기로 계획한 경우가 많다.

○ 유괴범의 접근방법

1단계. 기회 엿보기

유괴범이 범행 대상을 찾는 단계입니다. 보통 친구들과 멀리 떨어져 있거나 주변에 어른이 없어서 도움을 받을 수 없는 어린이를 눈여겨봅니다.

예방법) 혼자 다니지 말고 친구들과 함께 무리지어 다니도록 합니다.

2단계. 탐문하기

유괴범이 범행 대상의 정보를 알아내는 단계입니다. 어린이에게 다가가 어린이와 부모의 이름, 주소 등을 물어봅니다. 이때 어린이가 저항하거나 의심하면 그냥 가는 경우가 많습니다.

예방법) 낯선 사람이 이름이나 주소, 전화번호 등을 물어보면 아무 말도 하지 말고 빨리 자리를 피합니다.

3단계. 유괴하기

유괴범이 어린이를 범해 장소로 데려가는 단계입니다.

예방법) 유괴 예방 3단계 구호

안돼요! 싫어요! 도와주세요!" 를 외치도록 합니다.

4) 유괴 예방 및 대처방법

① 유괴 예방

- 모르는 사람이 주는 돈, 과자, 음료수 등은 받지도 먹지도 않는다.
- 모르는 사람이 이름, 사는 곳, 전화번호 등을 물어보면 알려주지 않는다.
- 모르는 사람이 길을 물으면 그 곳에서 알려만 주고 따라가지 않는다.
- 아는 사람이 같이 가자고 해도 따라가면 안 된다. 부모님께 말씀드리고 허락을 받아야 한다.
- 모르는 사람이나 차가 가까이 오면 멀리 떨어지도록 하며, 자동차를 태워 주겠다고 하더라도 타지 않는다.
- 학교에 갈 때나 집으로 올 때는 안전한 큰길로 다니며 혼자 놀지 않고 밝고 환한 곳에서 친구들과 함께 논다. 저녁 늦게까지 외부에서

놀지 않도록 한다.

- 외출할 때는 어디에 가는지, 몇 시에 오는지, 약속시간을 지키도록 한다.
- 값비싼 옷을 입거나, 눈에 띄는 시계, 가방 등 고가의 소지품을 삼가 하는 것이 좋다.
- 집에 혼자 있을 때 문과 창문을 꼭 잠그고 있으며, 누군가 찾아오면 쉿! 하고 없는 척을 한다.
- 위협을 느낄 때는 112, 182에 신고하는 것을 잊지 말아야 한다.
- 평소 아동안전지킴이집이 동네 어디에 있는지 기억한다.
- 하루 동안 어떤 일들이 있었는지 부모님께 말씀드린다.

② 대처방안

- 누군가 강제로 데려가려 하면 "안돼요! 싫어요!" 라고 소리치며 발버둥 친다.
- 도움이 필요할 때는 밝고 사람이 많은 곳으로 뛰어가 큰소리로 도움을 요청한다.
- 낯선 사람을 만난 곳에서 집까지의 거리가 멀 경우에는 가까운 안전한 곳 (아동지킴이집, 친구 집, 가게, 상가, 학교 등)으로 가서 집에 전화해야 한다.
- 친구가 모르는 사람에게 끌려 갈 때는 어른들에게 빨리 알린다.

③ 유괴를 당하는 순간 이렇게 해요.

만약 위험한 상황이 발생하면 어떻게 해야 할까요?
유괴를 당하는 순간 당황하지 말고 침착하게 행동하는 것이 가장 중요합니다.

● 물건을 던져요 : 우선 주변의 시선을 끌어야 하니 소리를 지르거나 가지고 있는 물건(가방, 책 등)을 던져서 주위사람들에게 알립니다.

● "안돼요! 싫어요! 도와주세요!"를 외쳐요.

● 바닥에 드러누워요 : 유괴범이 데리고 가기 어렵도록 체중을 실어 땅에 눕습니다.

④ 유괴를 당했을 때 이렇게 해요.

● 유괴범을 똑바로 쳐다보지 않아요.
유괴범은 자신의 얼굴이 알려지는 것을 싫어하므로 얼굴을 빤히 쳐다보지 않습니다.

● 유괴범을 자극하는 행동을 하지 않아요.
소리를 지르거나 우는 행동은 유괴범을 자극할 수 있어요.
더 위험한 상황에 처하지 않도록 유괴범의 지시를 잘 따릅니다.

● 마음을 진정시켜요.
유괴를 당하면 겁나고 무서울 거예요. 그러나 가족과 친구들을 떠올리면서 "나는 반드시 집으로 돌아갈 수 있다"라고 생각하며 마음을 진정시킵니다.

● 범인의 차량 번호를 외워요.
유괴범의 차를 탈 때 범인이 눈치 채지 못하게 주의하여 차량번호를 외웁니다.

● 밥을 잘 먹고 건강을 지켜요.
배가 고프거나 몸이 아프면 더 겁나고 두려워요. 밥을 잘 먹고 아프지 않도록합 니다.

● 정신을 바짝 차리고 있어요.

"호랑이에게 물려가도 정신만 차리면 산다." 라는 속담을 기억하면서 집에 돌아갈 수 있다고 굳게 믿고 기다립니다.

2. 미아 예방법

1) 실종아 발견 시 대처방법

실종아동들은 보통 큰 백화점, 쇼핑센터, 유원지, 놀이공원, 공공장소 등에서 순간적인 부주의로 발생한다. 가정문제로 인한 부모의 관심부족이나 보호소홀, 고의적인 유기, 유괴 등의 경우 아이에게 다시 집을 찾아주기란 어렵고 힘든 문제이다. 그러나 순간적인 부주의로 인한 실종아동은 우리들의 조그마한 관심으로도 대부분 부모의 품안으로 돌아갈 수 있다.

길을 잃은 아이를 발견하게 되면 다음과 같이 한다.

① 평소 똑똑한 아이도 길을 잃고 겁에 질리게 되면 묻는 말에도 제대로 대답할 수가 없으므로 아이의 불안한 마음상태를 이해하고 달래주는 것이 중요하다.

② 가장 먼저 경찰청 실종아동찾기센터(국번없이 182)로 신고한다.

③ 아이가 있는 장소에 그대로 서서 일단은 아이의 부모를 기다린다. 아이가 잠깐 한눈을 팔거나 부모의 부주의로 아이와 떨어진 경우 아이의 부모는 가까운 장소에 있기 마련이다.

④ 아이에게 이름과 사는 곳, 전화번호 등을 물어본다. 아이가 집에 간다고 혼자서 가 버리게 내버려두면 안 된다.

⑤ 아이의 의복이나 신발, 소지품 등을 확인해본다. 유괴방지를 위해서 아이의 이름이나 집전화번호 등을 보이지 않는 곳에 새겨두는 경우가 많다.

⑥ 백화점이나 쇼핑센터의 경우 안내데스크나 방송실에 문의를 하면 실종아동 찾기 안내 방송을 해준다.

⑦ 아이를 실종아동 보호센터나 경찰서, 파출소 등에 인계하는 경우 아이를 발견한 사람의 이름, 연락처와 주소 등은 남겨둔다.

※ 경찰청 실종아동 찾기(182)센터에 신고방법

1단계 : 국번 없이 182번으로 전화를 합니다.

2단계 : 가까운 경찰서에 아이의 사진을 신속하게 제출합니다.

※ 실종아동발견 신고방법(보호 시)

1단계 : 국번 없이 182번으로 전화를 합니다.

2단계 : 경찰관이 도착할 때까지 안전하게 보호합니다.

2) 실종예방을 위한 어린이 지침

① 내가 어디 있는지 늘 부모님께 알리기

② 나갈 때 부모님 또는 집안에 계신 어른들께 허락 받기

③ 내 이름, 부모님 이름, 전화번호 기억하기

④ 도움이 필요할 때 부모님 또는 '긴급전화 112'에 전화하기

⑤ 낯선 사람으로부터 돈, 선물

등을 받지 않기

⑥ 낯선 사람을 따라가지 않기

3) 실종예방을 위한 부모님 지침

① 자녀와 함께 다니고 자녀를 집에 혼자 있게 하지 않기

② 이름, 나이, 주소, 연락처, 부모님 이름 등을 기억하도록 가르치기

③ 자녀의 정면사진을 최소 6개월 단위로 미리 찍어두고 항상 소지하기

④ 자녀의 신상정보는 겉에서 잘 보이지 않는 곳(온 안쪽, 주머니 등)에 기입하거나 넣어주기

⑤ 위급상황 시 대처방법을 알려주고 몇 번씩 같이 연습 해보기

⑥ 부모와 헤어졌을 때는 돌아다니지 않고 제자리에서 멈춰서 있게 가르치기

⑦ 길을 잃었을 경우부모에게 전화 또는 '긴급전화 112'에 신고하도록 가르치기

⑧ 실종예방 3단계 구호(멈추기, 생각하기, 도와주세요)를 암기시키기

⑨ 외출 시 자녀의 착의사항을 기억하기

4) 실종상황 시 대처방법

① 당황하지 말고 경찰청 실종아동찾기센터(국번없이 182) 또는 112에 즉시 신고 한다.

② 아이와 마지막으로 같이 있던 장소로 돌아가 확인하고, 주변에 아이에 대해 물어본다.

③ 휴대전화 등을 이용하여 최근 사진, 신체특징, 인적사항, 연락처 등을 실종아동찾기 홈페이지에 신고하고, 트위터(missingchild182)에 게재한다.

아이들에게 평소에 다음과 같이 지도한다.

① 아이에게 이름과 나이, 주소, 전화번호, 부모 이름을 기억하도록 가르친다.

② 보호자와 헤어지는 경우 마지막으로 보호자와 만났던 장소에서 기다리도록 평소에 지도하며, 경찰관이나 인근 슈퍼 등에 근무 중인 어른의 도움을 받도록 알려준다.

③ 전화기를 이용하여 경찰청 실종아동찾기센터(국번없이 182) 또는 112에 신고하는 법을 가르쳐준다.

3. 가정 안전사고 예방법

1) 가정내 안전사고 부추기는 7가지 위험요소

어린이 안전은 가정 내 안전사고 예방으로부터 출발해야 합니다. 그러나 가구에 부딪히거나 가구에서 떨어지는 낙상사고, 뜨거운 물, 증기, 전기 등에 의한 화상사고, 질식사고, 음독사고 등 우리가 흔히 안전하다고 생각하는 가정에도 위험요소가 도사리고 있습니다. 그리고 이 모든 안전사고의 책임은 전적으로 부모님의 무지 때문입니다. 이에 가정 내 안전사고를 부추기는 요인 7가지를 제안합니다.

① 추락사고: 창문이나 베란다 옆에 침대, 의자 등의 가구를 두거나 장난감 등 아이들의 호기심을 유발하는 물건을 두고 안전창살을 설치하지 않은 경우

가정 내 안전사고 중 가장 많이 발생하는 것이 낙상사고인 만큼 창문이나 베란다 옆에 아이들이 딛고 올라갈 수 있는 가구를 두거나 장난감을 두어 호기심을 유발하는 것은 매우 위험합니다. 또한

방충망으로는 지지가 안 되기 때문에 어린이가 있는 가정의 창문에는 낙상방지용 안전창살을 설치하는 것이 좋습니다.

② 넘어짐, 미끄러짐 사고: 바닥에 물기가 있거나, 걸려 넘어지기 쉬운 물건, 바퀴 달린 장난감, 전선 등을 치우지 않는 경우 (계단 넘어짐 사례) 가정 내 안전사고 중 미끄러짐 사고는 잠깐 아이에게서 눈을 뗀 사이 눈 깜짝할 순간에 발생하며 대부분 부모가 옆에 있는 상태에서 갑자기 발생하기 때문에 평상시에 위험요소를 제거해 두어야 합니다. 특히 바닥의 물기나, 걸려 넘어지기 쉬운 물건이나 장난감, 전선 등에 의해 넘어질 경우 머리를 다치기 쉬우므로 바닥에 불필요한 물건이 없도록 항상 정리정돈을 해 두어야 합니다.

③ 날카로운 물체에 베임, 찢어짐 사고: 가구 모서리가 날카로운 경우 부딪히는 사고는 주로 가구와 관련해서 발생하며 주의가 산만하고 걸음이 익숙하지 못한 아이가 부딪혔을 때 부상을 최소화하기 위해 가구 모서리가 둥글어야 하며, 날카로운 경우 모서리 보호대를 부착해 주어야 합니다.

④ 화상사고: 밥솥이나 다리미를 어린이 손이 닿기 쉬운 곳에 두는 경우 밥솥이 뜸을 들일 때 분출되는 증기로 인해 화상사고를 당할 경우 뜨거운 물로 인해 화상을 입는 경우보다 훨씬 심하게 다치며, 다리미의 코드를 꽂은 채로 두는 것도 매우 위험합니다. 또한 난로와 같은 전열 기구에는 보호막이 있어야 합니다.

⑤ 전기안전사고: 전기 콘센트에 안전 커버가 없는 경우
어린이들은 움푹 팬 곳에 손가락이나 젓가락을 집어넣길 좋아합니다. 따라서 안전 커버를 덮어 감전 사고를 예방합니다.

⑥ 질식 및 중독사고: 의약품, 락스, 제초제 등 유독 물질을 어린이 손이 닿기 쉬운 곳에 두는 경우
어린이는 보이는 것은 무엇이나 입에 가져가려 하기 때문에 알록달록한 색깔의 알약이나 사용하다 남은 제초제, 농약을 음료수병, 박카스 병 등에 담아놓거나 아이들 손이 닿기 쉬운 곳에 둘 경우 음독사고가 발생하기 쉽습니다.

⑦ 익사 및 기타사고: 화장실 변기, 싱크대, 가위나 칼이 들어있는 서랍에 잠금 장치가 되어 있지 않는 경우 (어린이를 목욕시키다 전화가 와서 잠깐 전화를 받고 온 사이 익사)
아장아장 걷기 시작하는 시기의 어린이는 화장실 변기 속에 빠져 익사거나 싱크대나 서랍을 열어 칼, 가위 등 위험한 물질을 끄집어내서 다치는 사고가 빈번히 발생합니다. 이것을 예방하기 위해 선진국의 경우 수동개폐 잠금장치를 하고 있으며 이미 일반적으로 생활화되어 있습니다.

2) 가정의 안전사고 예방 20개 체크리스트 항목

- 부엌이나 세탁장에서 사용 또는 보관하는 유해 물질들이 아동보호포장으로 되어있습니까?
- 어린이가 접근하기 쉬운 보관함에 자물쇠나 안전빗장이 있습니까?
- 배수관 세척제나 표백제와 같은 위험 물질은 모두 본래의 용기에 보관하고 있습니까?
- 조리대, 도마, 행주, 수세미 등을 정기적으로 소독합니까?
- 사용한 가사용 세제와 용기를 안전하게 처분합니까?
- 가사용 세제와 도구를 사용하다가 잠시 중단할 때 안전하게 치워놓습니까?
- 살충제와 같은 유해제품이 음식물과 안전한 거리를 두고 보관되어 있습니까?
- 식사 보조용의자에 아이 혼자 두지 않으며 하며 항상 안전띠를 사용하고 있습니까?
- 가스레인지의 안쪽 버너를 사용하고 냄비의 손잡이는 뒤쪽 방향으로 돌려놓습니까?
- 욕실에 보관하고 있는 모든 약의 뚜껑이 어린이들이 쉽게 열 수 없는 것입니까?
- 유독성 세제와 화장품, 목욕용품 등이 어린아이가 닿을 수 없도록 보관되어 있습니까?
- 좌변기의 뚜껑에 안전 잠금 장치가 설치되어 있습니까?
- 욕조와 세면대에 물이 채워져 있지 않습니까?
- 탁자에 담배, 성냥, 라이터 등이 놓여 있지 않습니까?
- 모든 장식물은 무독성입니까?
- 독이 있는 식물이 아이들의 손이 닿지 않는 곳에 있습니까?
- 장난감과 장난감의 부품, 풍선 등 작은 물건이 아이 손이 닿지 않는 곳에 있습니까?
- 층마다 연기감지기를 설치하고 매년 배터리를 교체합니까?
- 창문 블라인드나 커튼 줄이 내려온 곳에 아기의 침대를 배치하지 않았습니까?
- 침대 옆 탁자나 화장대에 약, 술, 담배 등의 위험물질이 없습니까?
- 화장수, 향수, 아세톤이 어린이의 손이 닿지 않는 곳에 보관되어 있습니까?
- 침대 기둥의 간격은 6cm를 넘지 않고 빠진 기둥이 없습니까?
- 매트리스는 가장자리에 바싹 달라붙어 있습니까?
- 부품이 느슨한 부분이 없습니까?

3) 가정의 장소별 안전사고 예방수칙

장소	예방대책
주방	○ 주방의 가전 기구 — 커피포트, 그릴, 주전자, 팝콘제조기, 토스터, 믹서기 등— 의 코드는 짧게 위로 올려두고 가능하다면 각 기구의 플러그를 높은 곳에 꽂아 둡니다. 가전 기구 주변에 아이들이 올라설 수 있는 높은 의자는 두지 않습니다. ○ 아이들의 손이 닿을 수 있는 캐비닛과 서랍에는 안전 잠금 장치를 설치합니다. ○ 호일과 플라스틱 랩은 아이들의 손이 닿지 않는 곳에 보관합니다. 이들의 날카로운 가장자리로 인해 벨 위험이 있기 때문입니다. ○ 각종 세제와 살충제, 가구 광택제 등은 아이가 더 자랄 때까지 안전한 곳에 보관하고 문을 잠급니다. ○ 칼이나 다른 날카로운 주방기구를 사용할 때, 부모는 아이들에게 일어날 사고를 염두에 두고 다급하게 다루거나 여기저기에 두지 않아야 합니다. ○ 아이가 말을 알아들을 정도가 되면, 전자레인지의 외부와 내부의 온도가 달라서 델 위험이 있습니다는 것을 알려줍니다. ○ 오븐이나 스토브를 구입할 때에는 아이들이 열기 힘든 것을 고릅니다. ○ 식탁보는 어린이가 끌어당길 수 있으므로 될 수 있으면 사용하지 않습니다.
욕실	○ 욕실에서 사용하는 전기기구(헤어드라이기, 고데기 등)는 사용하지 않을 때는 반드시 플러그를 뽑습니다. 물에 들어가게 되면 아이들이 감전 사고를 당할 수 있습니다. 전기 쇼크를 방지하기 위하여 콘센트에는 누전방지 장치를 부착합니다. ○ 어린아이들은 욕조나 세면대에 빠져 질식할 수 있음을 주의하고 감독을 철저히 합니다. 뜨거운 물로 인한 화상을 예방하기 위해서 물의 온도를 조절한 후 욕조에 들어가게 합니다. 화상방지용 수도꼭지를 설치하는 것도 좋은 예방법입니다. 욕실에서 넘어져서 머리를 부딪치는 사고를 방지하기 위해 미끄럼 방지용 바닥재를 깝니다. ○ 욕실에 있는 화장품이나 비누, 샴푸 등을 아이들이 먹을 위험이 있으므로 주의하고 욕실 캐비닛 손잡이에 안전 빗장을 걸어두어야 합니다. ○ 사용 중이 아닌 좌변기의 뚜껑은 항상 내려놓고 화장실 문은 닫아 놓습니다.

거실	○ 거실 바닥을 아이들의 눈높이로 살펴보는 것이 중요합니다. 카페트나 가구 밑에는 어린이들에게 위험한 작은 물건들이 있을 수 있음을 잊어서는 안 됩니다. ○ 바닥의 플러그나 전선 등 걸리는 것들을 치웁니다. 전선은 벽 쪽에 테이프나 테이플러 등으로 고정시키고 주기적으로 떨어져 나오나 확인합니다. ○ 가구의 날카로운 모서리에 안전장치를 부착합니다. ○ 사용하지 않는 콘센트는 막아둡니다. ○ 화분은 아이들이 만질 수 없는 곳에 두고 먹으면 안 되는 화초는 치웁니다. ○ 테이블 위의 유리판은 치우고, 깨지거나 무거운 것도 올려놓지 않습니다. ○ 가구, 선반, 그리고 TV 장식장 등이 안정되게 놓고, 넘어지지 않는지 확인합니다. ○ 벽난로 앞에는 어린이가 열기 힘든 유리스크린을 설치합니다. 난로에 불이 없는 경우에도 아이들이 가까이 가지 못하도록 가르칩니다. ○ 아이들이 열고 나갈 수 있는 미닫이문이 있습니다면 마음대로 열지 못하게 하는 잠금 장치를 합니다. ○ 아이들에게 질병을 유발할 수 있으므로 카펫의 청결을 유지합니다.
아이들 침실	○ 아이들 방의 벽지나 침대보, 잠옷 등은 방염처리(flame-resistant)가 된 것을 사용합니다. ○ 창에 안전 잠금 장치를 하고 5cm 이상 열리지 않도록 조절합니다. ○ 가구는 낮아야 합니다. 날카로운 모서리에는 안전캡을 씌워줍니다. ○ 장난감 보관 상자는 뚜껑을 분리할 수 있는 것을 사용하거나 뚜껑이 세게 닫히지 않는 것을 사용합니다(손가락이 끼어 다칠 위험 있습니다). ○ 요람은 창에서 떨어진 곳에 놓아야 합니다. ○ 요람 위의 모빌이나 매달려 있는 것들은 최소 20cm 이상 떨어진 곳에 둡니다. ○ 아이가 자라면 매트리스를 더 낮춥니다. ○ 블라인드는 금속이나 나무로 된 것을 사용합니다(플라스틱 블라인드 중에는 납을 함유하고 있는 것도 있습니다).

〈참고: 어린이 안전사고 세미나 자료, 소비자 보호원〉

4) 미국의 소비자 안전 이원회 가정안전 권장 사항

장소	예방대책
부엌	○ 칼, 플라스틱 백, 라이터, 성냥은 어린이가 손대지 못하도록 잠가 놓습니다. ○ 조리 중에 자리를 떠날 때는 냄비의 손잡이를 스토브 뒤쪽으로 돌려놓고 뜨거운 액체나 음식물을 탁자의 모서리에 두지 않음으로써 화재와 화상을 입게 되는 것을 방지합니다. ○ 옷에 불이 붙었을 때 멈춤, 떨어뜨림, 구르기의 일련의 과정을 자신뿐 아니라 아이들에게도 숙지시킵니다. ○ 어린이에게 딱딱한 캔디, 견과류, 포도, 팝콘, 당근, 건포도 같은 목에 걸릴 수 있는 딱딱하고 둥근 음식물은 주지 않습니다. ○ 정수기의 뜨거운 물이 나오는 곳에는 어린이의 접근을 막아 뜨거운 증기 등에 의한 화상을 피합니다.
침실	○ 유아를 유아용 침대(바가 있는 침대)에서 등을 바닥으로 해서 재울 때에는 베개를 베지 않도록 하거나 부드러운 침구류를 깔아 줍니다. ○ 유아용 침대를 사용할 때에는 국내 기준에 맞는 것으로 하되 매트리스는 잘 맞고 아늑한 것으로 사용합니다. ○ 작은 완구, 풍선, 작은 공은 어린아이의 손이 닿지 않게 합니다. ○ 완구를 고를 때에는 연령 표시를 확인합니다. 완구 정리 서랍에는 안전 뚜껑 지지대(safetylids supports) 가 있어야 합니다. ○ 목 졸림을 예방하기 위해서는 안전한 블라인드용 술장식을 사용하고 완구나 노리개 젖꼭지에 끈을 달지 않습니다.
욕실	○ 욕실에 특히 목욕 중인 어린이를 혼자 남겨두지 않습니다. ○ 뜨거운 증기나 물에 의한 화상을 예방하기 위해 물 끓이기 온도계를 50℃에 세팅해 두고 반화상 기기를 설치합니다. ○ 욕조와 샤워기에는 미끄럼 방지 처리와 손잡이 바를 설치합니다. ○ 헤어 드라이기, 컬리 아이롱과 같은 가전 기기는 어린이의 손과 물이 닿지 않게 합니다.
모든 생활 장소/구역	○ 담배를 피울 경우 집안에서, 특히 어린이 주위에서 피우는 것을 금합니다. ○ 난로, 벽난로, 나무를 태우는 난로, 실내용 난방기구, 가정용 가스 기기는 적절하게 환기시키고 매년 검사합니다. ○ 계단과 같은 위험한 장소를 차단하도록 한 안전 문, 콘센트의 구멍을 막는 안전 플러그, 서랍이나 캐비닛의 안전 빗장을 사용합니다. ○ 추락을 예방하기 위해서는 복도와 계단에 적절한 조명을 하고 미끄럼방지를 위해 플러그를 바닥에 고정시킵니다. ○ 세정제, 살충제, 기타 잠재적 위험 물질은 라벨에 표시되어 있어야 하며 어린이가 손대지 않도록 보관합니다.

〈출처: 미국 CPSC 자료〉

5) 가정 안전 수칙

어린이 가정안전 수칙
○ TV나 책장과 같은 무거운 가전제품 혹은 가구에 올라가거나 흔들지 않습니다. ○ 베란다나 창문에 기대거나 몸을 밖으로 내밀지 않습니다. ○ 큰 조각의 젤리나 사탕 또는 음식을 한 번에 삼키지 않습니다. ○ 모든 약은 반드시 어른들께 여쭈어보고 먹습니다. ○ 문을 열고 닫을 때, 손가락이 끼이지 않도록 조심합니다. ○ 물기가 묻은 손으로 전기 제품을 만지지 않습니다. ○ 어른 없이 혼자서 욕조 목욕을 하지 않습니다. ○ 집에 불이 났을 때 밖으로 대피하는 길은 두 가지 이상 알아둡니다. ○ 냉장고, 세탁기 등에 들어가지 않습니다. ○ 장난감은 항상 정리함에 보관합니다.

4. 학교 안전 사고 예방법

1) 실제 학교안전사고 사례별 원인과 예방법

사례 1. 주사기에 든 접착제가 눈에 들어감
○ 사고 내용: 아크릴 공작시간이었습니다. 접착제가 든 주사기에서 접착제가 나오지 않자 00가 자기도 모르게 눈을 향해 누르는 바람에 접착제가 눈으로 들어가는 사고가 났습니다. ○ 사고 발생원인: 본인을 향해 접착제가 든 주사기를 누른 아이의 부주의 ○ 사고 시 조치사항: 흐르는 물로 씻어내고 병원이송 후 처치 (손으로 비비면 안됨) ○ 사고 방지를 위한 추후대책: 보호안경 착용
사례 2. 실험실습 중 수산화나트륨을 음료수로 오인해 들이마셔 식도궤양
○ 사고 내용: 교육청에서 주관하는 과학싹잔치에 참가해 여러 가지 과학실험을 관찰하던 중이었습니다. 한 코너에서 00가 목이 뜨겁다며 울부짖어 교사들이 뛰어가 보았습니다. 수산화나트륨을 음료수로 잘못알고 마셨던 것입니다. 교사가 아이를 업고 인근 대학병원으로 뛰어가 치료를 받았습니다. ○ 사고 발생원인: 실험용 화학물질에 이름표를 붙여두지 않음 ○ 사고 시 조치사항: 병원 후송하여 입원 치료함 ○ 사고 방지를 위한 추후대책: 화학물질 실험 시마다 사전 안전교육 실시

사례 3. 과학경진대회 준비 중 물로켓 제작하다 손바닥 절상
ㅇ 사고내용: 교내 과학경진대회 물로켓 제작 발사대회에서 학년우수아로 선정된 00는 대회에 대비하여 물로켓을 제작하던 중 커터칼로 플라스틱 병을 자르다 빗나가 칼로 손바닥을 깊게(깊이 0.5cm, 길이 6cm 정도) 그었습니다. ㅇ 사고 발생원인: 보호 장갑을 착용하지 않음, 커터칼 취급 안전사용위반, 플라스틱 재질의 특성 이해 미숙(가위 사용 유도) ㅇ 사고 시 조치사항: 보건실에서 1차 치료약 바른 후 인근병원으로 데리고 가 봉합시술 후 귀가 ㅇ 사고 방지를 위한 추후대책: 화학물질실험 시마다 사전 안전교육 실시
사례 4. 자동 우산을 친구에게 겨누어 펴 치아 손상
ㅇ 사고내용: 수업 중이었습니다. 칠판에 수업내용을 적고 있을 때였습니다. 00의 울음소리와 아이들의 웅성거리는 소리에 다가가 보니, 평소 위험한 장난으로 늘 주의를 주던 XX가 자동 우산을 00에게 겨누어 펴는 바람에 00의 앞니가 부러지는 등 치아를 손상시키는 사고가 났습니다. ㅇ 사고 발생원인: 위험 소지가 있는 우산으로 장난을 친 아이의 불안전한 행동 ㅇ 사고 시 조치사항: 병원이송 후 처치 ㅇ 사고 방지를 위한 추후대책: 우산은 반드시 우산꽂이에 꽂도록 교육, 교실 내에서의 안전수칙 교육
사례 5. snow 스프레이로 장난을 치다 눈에 뿌림
ㅇ 사고내용: 스승의 날을 맞이하여 4학년 아이들이 온갖 폭죽과 snow 스프레이(눈)를 준비해서 터뜨리고 뿌리며 축하의 자리를 마련하였습니다. 얼마 후 남은 스프레이로 친구들끼리 장난을 치다 눈에 뿌리게 되어 한 아이가 고통을 호소하는 사고가 났습니다. ㅇ 사고 발생원인: 아이들의 불안전한 행동(장난)으로 인해 일어난 사고 ㅇ 사고 시 조치사항: 식염수로 씻어냄, 병원이송 후 처치 ㅇ 사고 방지를 위한 추후대책: 폭죽이나 snow 스프레이 등으로 위험한 장난은 하지 못하게 안전교육 실시
사례 6. 회전그네에서 뛰어내리다 팔이 골절
ㅇ 사고내용: 쉬는 시간에 3학년 00가 놀이터에서 회전그네를 타며 놀고 있었습니다. 빠르게 돌고 있는 회전그네 위에서 놀다 수업 시작 종이 울리자 급한 마음에 돌고 있는 그네에서 뛰어 내렸습니다. 00는 몸의 중심을 잃고 넘어지면서 왼쪽 팔을 부딪혀 골절되는 사고가 났습니다. ㅇ 사고 발생원인: 조급한 마음으로 회전그네에서 뛰어내린 아이의 부주의 ㅇ 사고 시 조치사항: 응급조치(보건교사) 후 병원이송, 부모님께 연락 ㅇ 사고 방지를 위한 추후대책: 생활지도 철저(담임), 훈화교육을 통한 안전사고 지도, 방심과 서두름이 가져오는 위험한 상황 소개

사례 7. 교실문 틈에 손가락이 낌
○ 사고내용: 00와 XX가 장난을 하다 00가 XX를 놀리고 달아났습니다. 뒤따라오던 XX가 미닫이 교실문을 열려고 손을 넣자 다급해진 00가 문을 닫아버렸습니다. 그 바람에 XX의 손이 문과 문설주에 끼어 손가락뼈가 드러나 보일 정도로 크게 다쳤습니다. ○ 사고 발생원인: 아이들의 위험한 장난 ○ 사고 시 조치사항: 병원이송 후 처치(다행히 뼈에는 이상이 없음) ○ 사고 방지를 위한 추후대책: 교실 내에서의 안전수칙 교육
사례 8. 학교 계단에서 굴러 치아가 깨짐
○ 사고내용: 초등학교 3학년에 재학 중인 00는 쉬는 시간에 계단에서 친구들과 장난을 치다 그만 친구에게 떠밀려 계단으로 쏠려 구르게 되었습니다. 00는 앞니 두 개가 나갔으며 또한 입주변에 심한 출혈이 있었습니다. 사고가 일어난 후 학교 측에서는 부모님께 전화를 드렸고, 연락을 받은 부모님이 직접 00를 데리고 병원으로 가서 치료를 받았다. ○ 사고 발생원인: 위험한 학교 계단에서 친구와 장난을 치다가 넘어지면서 일어난 사고 ○ 사고 시 조치사항: 상처부위 지혈(학교), 부모님이 직접 병원으로 이송 후 치료 ○ 사고 방지를 위한 추후대책: 사고 사례 전파를 통한 해서는 안 될 위험한 장난 교육
사례 9. 로프 하강 시 일어난 찰과상
○ 사고내용: 수련활동 프로그램 중 모험시설 실습시간이었습니다. 분임별로 활동을 체험하던 중 늘임줄을 타고 하강하는 도중 00가 아래로 떨어졌습니다. 00는 맨손으로 줄을 타고 내려오는 도중 체중을 못 이겨 그대로 미끄러져 내려오다 로프줄을 놓아 버렸습니다. 다행히 지도교사가 아이를 팔로 받아 큰 사고는 면했지만 손바닥이 벗겨지는 찰과상을 입었습니다. ○ 사고 발생원인: 제동동작 미숙지와 장갑 미착용, 비만아동은 가급적 자제, 손에 맞는 장갑 착용 ○ 사고 시 조치사항: 야영장 보건실에서 보건교사가 양손에 붕대를 감싸 조치 ○ 사고 방지를 위한 추후대책: 로프에서 하강 시 제동동작 숙지
사례 10. 부탄가스 폭발로 화상
★ 사고내용: 방과 후 학교에 놀러 온 00는 쓰레기 소각현장에 있었습니다. 그 때 쓰레기 소각장에서 부탄가스통이 터지면서 00는 온 몸에 화상을 입었습니다. ★ 사고 발생원인: 소각장에 쉽게 접근할 수 있었던 불안전한 시설물, 위험한 소각장에 접근한 아이의 부주의, 안전하게 처리하지 못한 부탄가스통 ★ 사고 시 조치사항: 119에 신고, 병원이송 후 처치 ★ 사고 방지를 위한 추후대책: 소각장 근처에서 놀지 않도록 안전교육 실시, 부탄가스 통에 구멍을 뚫어 가스(잔여)를 날려 보내고 버릴 것을 교육

2) 학교 안전수칙

① 과학 수업 시 안전 수칙

실험을 할 때에는 실험복을 입고 필요한 경우에는 마스크와 고무장갑을 착용하여야 합니다.

선생님의 허락 없이 시약을 맛보거나 냄새 맡기, 만지기 등을 하면 안 됩니다.

시약병에서 시약을 덜어 낼 때에는 반드시 시약의 이름표(라벨)를 확인한 후에 깨끗한 용기에 덜어 내야 하는데, 필요한 만큼 적당량을 덜어 내도록 하며 쓰고 남은 시약이라도 절대 원래의 시약병에 다시 넣어서는 안 됩니다.

시약을 조제하여 보관할 때에는 시약 이름과 제조일자를 기록한 이름표를 붙입니다.

시험관을 가열할 때에는 시험관의 주둥이가 다른 사람을 향하게 해서는 안 됩니다.

유리로 된 실험 도구가 깨질 경우 깨진 유리 조각에 다칠 염려가 많으므로 특별히 주의하여야 합니다.

자주 사용하는 알코올램프의 경우 깨진 것은 좋지 않으며, 불을 붙일 때나 끌 때에는 반드시 확인합니다.

알코올램프가 엎질러져 불이 나면 물을 끼얹거나 모래를 뿌립니다. (반드시 소화기, 물, 모래를 사전준비)

수업 중에 실험 도구로 친구들과 장난치지 않습니다.

실험이 끝나면 실험도구와 시약 등을 원래 위치에 정리 정돈하고 수도꼭지, 전열 장치의 전열 플러그, 가스 밸브의 여닫기를 확인하여 안전 점검을 철저히 하여야 합니다.

② 체육 수업 시 안전 수칙

운동을 하기 전에는 충분한 준비 운동을 하여야 합니다.

선천적으로 허약하거나 질병이 있는 경우에는 미리 선생님께 말씀드리도록 합니다.

오래달리기를 할 때에 힘이 들면 걷기와 달리기를 반복하도록 합니다.

개인 운동기구는 반드시 한 사람씩 사용합니다.

모든 운동은 난이도에 따라 쉬운 것을 충분히 익힌 다음에 어려운 것을 하도록 합니다.

고학년이 하는 어려운 운동을 무리하게 따라하지 않습니다.

충분히 공간을 두고 활동하며, 철봉 주위에서 장난치지 않도록 합니다.

매트 운동을 할 때에는 앞사람이 완전히 매트에서 떠날 때까지 대기합니다.

낮은 철봉에서 디딤판(뜀틀)을 이용하여 충분히 연습을 한 다음, 단계적으로 디딤판 없이 운동하도록 합니다.

뜀틀 운동 시에는 한 사람이 착지를 끝내고 뜀틀을 떠날 때까지 다음 사람이 도움닫기를 하지 않도록 합니다.

③ 미술 수업 시 안전 수칙

미술 도구나 용품을 바닥에 떨어뜨리거나 흘리지 않습니다.

흘린 경우는 즉시 닦아 바닥을 깨끗이 합니다.

미술 도구나 재료를 입에 넣지 않습니다. 어떤 재료들은 피부에 닿는 것만으로도 해로울 수 있습니다.

모든 도구와 재료는 자기 자리에서 정돈해 가며 사용하고, 자리 주변을

어질러 놓아 지나가는 친구들이 날카로운 것에 찔리거나 걸려 넘어지는 일이 없도록 합니다.

가위, 칼, 스테플러, 펀치 등의 도구를 사용할 때에는 무리하게 힘을 주지 말고 조심해서 사용하며 도구를 가지고 장난치지 않아야 합니다.

종이에 손이 베지 않도록 주의를 해야 합니다.

④ 실내 활동 시 안전수칙

쉬는 시간에 교실에서 뛰지 않도록 합니다. 뛰어 다니다가 친구들과 부딪히거나 책상 모서리에 부딪히면 크게 다칠 수 있습니다.

교실에서 공놀이를 하지 않습니다. 잘못하여 앉아 있는 다른 친구들이 그 공에 맞아 다칠 수 있습니다.

청소 시간에 비치된 가구나 청소 도구로 장난치지 않습니다. 청소 후에는 대걸레, 양동이, 빗자루 등 청소 도구를 제자리에 정리해서 보관하도록 합니다.

교실 앞, 뒤에 부착되어 있는 게시물을 떼지 않습니다. 게시물은 보통 본드나 압정,핀 등으로 고정되어 있어서 떼면 위험합니다.

창틀에 올라가서 밖을 보거나, 윗몸을 밖으로 내밀거나 또는 창틀에 기대어 앉는 행위를 하면 떨어질 위험이 있습니다.

칼, 가위 등 위험한 물건으로 장난치거나 뾰족한 연필 등으로 장난을 치면 다치기 쉬우므로 조심해야 합니다.

창문 밖으로 물체를 던지지 않습니다. 작은 물체라도 지나가는 사람이 맞으면 중력에 의해 큰 충격을 받을 수 있습니다.

끈이나 줄로 목을 잡아당기는 장난은 몹시 위험하므로 삼가도록 합니다.

⑤ 복도와 계단에서의 안전수칙

비나 눈이 오는 날에 복도나 계단이 미끄러우므로 조심합니다.

복도와 계단에서는 반드시 우측통행을 해야 하는데 천천히 걸어서 다른 사람의 활동을 방해하지 않도록 주의를 해야 합니다.

복도에서 달리기나 씨름 등 장난을 하면, 다른 사람에게 피해를 주고 다치기 쉬우므로 주의를 해야 합니다.

복도나 계단에 휴지나 간식 부스러기를 흘리지 않습니다. 이러한 것들 때문에 걸리거나 미끄러져 넘어질 수 있습니다.

학급 단위로 계단을 이동할 때에는 앞 · 뒤 사람과 충분한 거리를 두고 오르내리는 것이 안전합니다.

계단을 두 칸씩 뛰어내리다가 헛디뎌서 다치는 경우가 있으며, 한눈을 팔면 발을 잘못 디뎌 다치게 되므로 주의를 해야 합니다.

계단을 오르내릴 때에는 난간을 잡고 이동하는 것이 안전합니다.

계단 난간을 넘거나 난간을 타고 내려오는 등의 위험한 행동은 절대 하지 않도록 합니다.

여러 사람이 함께 계단을 오르내릴 때에는 앞사람과 닿지 않도록 간격을 두고 움직여야 합니다.

3) 수련 활동 안전 수칙

■ 수련활동 선생님 안전 수칙

수련 활동 기간 중 학생들과 함께 참여하고 생활하며 별도의 계획을 세운다거나 이탈하지 않는다. 안전사고는 수시로 발생할 수 있으며 사고 발생 시 초기 대응을 제대로 하지 못해 큰 사고로 번질 수 있기 때문이다.

프로그램에 참여할 장소나 설비의 안전 상태를 점검한다.
(식수, 식당, 비상구의 위치 등)
정해진 구역 외의 장소에서 놀 때 일어나는 위험을 미리 숙지한다.
낯선 환경의 주변 지역에 대한 정보부족(수심, 급류, 기상 변화, 독충, 유해식물 등)으로 일어날 수 있는 사고를 방지해야 한다.
교사 스스로 수련활동 장소 내에서의 음주와 흡연을 삼간다.
계단이나 체험관, 가건물 등 특별한 시설에서의 주의 사항을 학생들에게 사전에 알려준다.
수련원 인근의 위험 요인을 사전에 파악한다.
임시 양호실을 마련하여 양호 교사가 대기한다.
구급약품과 구급낭을 준비한다.
가까운 보건소나 병원 등의 전화번호와 위치 등을 알아 둔다.
구급 시에 쓸 차량을 확보해 둔다.
야간에는 순찰 조를 편성하여 학생을 돌보고, 학생들의 탈선이나 무단이탈을 방지한다.
숙소 상태를 점검하고 낯선 사람의 침입이나 야간 외출이 용이한지를 살핀다.
길을 잃어버릴 경우에 대비하여, 미리 만날 장소를 기억시켜 준다.
응급환자 발생에 대비한 긴급 수송 대책과 비상사태 발생 시의 비상 대피책을 강구하여야 한다.
천막 속에서 버너로 취사를 하거나 촛불로 조명을 해서는 안 된다.
야간의 안전을 위하여 천막에 백색 안전표지를 달도록 한다.

■ 수련활동 학생 안전 수칙

자신의 안전은 자기 스스로 능동적으로 지킨다.

한 집단의 구성원으로서 책임을 다하고 질서를 준수한다.

몸이 불편하면 즉시 운영 본부에 알리고 주위에 아픈 학생이 발생되면 즉시 선생님께 알린다.

풀밭에 함부로 앉거나 눕지 않도록 한다.

낮과 밤의 기온차를 고려하여 보온에 유의한다.(감기에 걸릴 우려가 있음)

개인행동을 삼가고, 2인이상 함께 행동한다.

활동 중이 대열을 이탈하거나, 다른 사람의 활동을 방해하지 않는다.

계단에서 장난을 치거나 뛰어다니지 않는다. 특히 가건물의 경우 붕괴 위험이 있으므로 뛰거나 매달리면 위험하다.

지도 교사의 허락 없이 수련 장소를 떠나지 않는다.

지도 교사의 허락 없이 모험 수련 장비에 접근하지 않는다.

지정된 음료수를 마시고, 위생에 유의하며 몸을 깨끗이 한다.

스스로 환경보호에 앞장서고, 쓰레기를 함부로 버리지 말아야 한다.

잠자기 전에는 양치, 세면 등 몸을 청결히 한다.

수면 시간을 지키고 다른 사람의 수면을 방해하지 않는다.

식사를 충실히 하고 군것질 (과자, 음료수 등)은 하지 않는다.

출입이 금지된 지역에 들어가지 않으며, 정해진 통로만을 이용한다.

야외에서 맨발로 다니지 않는다.

안전수칙을 숙지하고, 안전사고의 발생 시 신속히 지도교사에게 신고하도록 한다.

5. 학교 폭력

1) 학교 폭력 사례

	내 용	( )
1	A와 B가 싸움을 한 후 B가 겉으로 보기에는 멀쩡했으나 정신을 잃음	
2	복도를 걸어가고 있는 학생얼굴에 일부러 침을 뱉음	
3	싫다고 하는데도 강제로 손이나 옷을 잡아당김	
4	학생들이 보는 앞에서 단순한 욕('지랄' , '재수없어' , '깝치지 마' 등)을 함	
5	동아리 선배가 후배들에게 기합을 준 다음 동아리방의 문을 잠그고 밤 10시까지 나오지 못하게 함	
6	학생들이 보는 앞에서 아무 이유 없이 장난으로 '바보' , '생긴 게 역겨워' 라고 계속 놀림	
7	A가 B를 툭툭 치다가 팔에 멍이 살짝 듦	
8	동성에게 포르노 비디오를 보여주면서, 움직이지 못하게 한 후 일부러 손을 만지작거려서, 상대방이 창피하다는 생각과 짜증난다는 기분을 경험함	
9	학생들이 보는 앞에서 '미친년' , '개새끼' , '병신새끼' , '또라이 같은 년' 이라고 욕을 함	
10	A가 B에게 돈을 빼앗는 것을 보고, C가 A에게 그 돈을 요구함	
11	30분 동안 기합을 줌	
12	하의를 벗기고 성기를 노출하게 한 후, 핸드폰으로 사진을 찍어서 다른 친구들에게 전송함	
13	남학생이 좋아하는 여학생에게 '뽀뽀해줘' 라고 문자를 보내 여학생이 불쾌감을 느낌	
14	화장실로 끌고 가서 때림	
15	친구들끼리 한 학생을 때리기로 한 후, 친구들이 때릴 때 옆에서 망을 봄	
16	집단으로 타학교 학생들과 싸움을 함	
17	방과 후 같은 반 학생이 노래방 같이 가자고 해서 갔는데, 다른 학교 학생들이 같이 있었고, 노래방에서 폭행을 당함	
18	돈을 요구하고, 심부름 시켜서 하지 않으면 때림	
19	A는 B를 때릴 생각이 없었는데, C가 A에게 'B를 때리지 않으면 너를 죽여버릴 거야 "라는 말을 하여 A가 B에 대하여 폭력을 행사함	
20	4명 중 A학생이 자신들의 험담을 했다며 3명이 A학생에게 동시에 말을 안 함	

2) 가 · 피해자 부모 방문 시 대처 방법

① 흥분한 학부모를 만날 때의 대처

○ 교사는 흥분한 학부모의 태도에 동요하지 말고 침착할 것

○ 학교에서 피해 · 가해학생들에 대한 보호 및 지도 조치를 통해 책임지고 돕겠다는 것을 분명히 알릴 것

○ 감정이 격양되어 오히려 문제해결을 악화시킬 수 있으므로 피해, 가해 측 학부모를 같은 자리에서 만나지 않도록 할 것

○ 피해 · 가해 학부모의 심정을 충분히 공감하고 이해하며 경청할 것 교사가 학부모를 이해하며 듣고 공감만 해도 학부모의 흥분수준이 내려감

② 피해자 부모님을 만날 때

○ 우선 학부모의 감정이 격양되어 있음을 이해

○ 학부모의 감정을 수용하고 이야기 경청

○ 학부모에게 정서적 지지를 해줄 것

○ 학부모가 말하는 학생의 피해사실에 대해 객관적으로 인지할 것

○ 학생의 피해사실을 구체적으로 메모

○ 학생의 피해에 대해 진심 어린 사과와 유감을 표할 것

○ 피해학생과 학부모가 현재 무엇을 원하는지 물을 것

○ 추후 처리과정에 대한 설명

○ 진실과 사실에 근거하여 문제해결을 약속

○ 학생의 보호와 안정, 적응을 위해 노력할 것을 약속

○ 사건 은폐를 의심할 만한 어떠한 진술도 하지 말 것

③ 가해자 부모님을 만날 때

○ 가해학생 학부모의 감정을 일단 수용하되 자녀의 가해 행위는 정확히 알릴 것

○ 피해학생의 피해 정도를 정확하게 알려줄 것

○ 피해측에 대한 가해측의 진심어린 사과의 중요성을 인지시킬 것

○ 사안처리 절차와 예상되는 결과를 알려줄 것

○ 가해학생에게 교육적으로 적절한 지도와 선도가 이루어질 것임을 알릴 것

○ 이번 일로 가해 학생이 학교에서 낙인찍히지 않을 것임을 알려줄 것

○ 가정에서 학생에 대한 특별한 관심과 지도를 부탁할 것

3) 학교 및 교사의 대처방안

● 학교의 대처방안

① 학교폭력의 실질적인 실태조사, 상담 및 신고전화 상시운영, 교내 홈페이지 게시판 등 활용, 폭력 발생 가능성이 높은 시간대와 장소에 대한 감독을 강화(학교 선생님들이 퇴근 시간 이후에 학내 순찰을 하거나 관심있게 학생 지도하는 교사가 몇 명이나 되는지, 학생지도 교사만이 할 문제가 아니고 전체 교사나 교직원들이 해야 할 일)

② 학교 상담기능을 강화하기 위해 학교 내에 상담교사를 더 많이 보충하고 피해 학생이나 피해를 목격한 학생이 거리낌 없이 신고할 수 있는 효율성 있는 제도로 개선하고 이를 활성화시킴

③ 학생이 신고를 하면 반드시 해결이 되도록 해야 함 (가해학생으로 하여금

반드시 진심으로 사과를 하게 만들고 피해회복을 시켜주어야 여러 학생들에게 전파되고 다른 피해 신고도 많아지므로 학내 가해 학생들을 파악하여 예방, 지도, 관리하기 쉬워짐)

● 선생님들의 대처방안

① 학교폭력을 발견 또는 주지하였을 때 당황하지 말고, 침착하게 대처
선생님들의 대처방안교사는 학교 내 · 외에서 학생들에 의한 폭력이 발생하였을 때 일반적으로 당혹감과 함께 자신의 교육행위에 대한 학생들의 도전으로 인식되어 분노를 느끼며 따라서 교사는 학생들의 폭력행위를 정확하게 진단하거나 합리적으로 대처하기 전에 먼저 큰소리로 화를 내며 제 2의 폭력을 행사하는 경우도 종종 있으므로 침착하게 대처해야함

② 폭력현장과 형태를 확인, 심각성 정도 파악과 차별적 지도
폭력현장이 교실인지, 운동장인지, 화장실 근처인지, 학교밖의 골목인지, 그리고 일대일의 구타형 폭력인지, 집단폭력인지, 집단따돌림 형태의 폭력인지, 지속적인 괴롭힘형태의 폭력인지 등을 파악해야 함. 이러한 상황을 잘 분석함으로써 교사는 폭력에 내재된 요인이 무엇인지를 확인할수 있고, 문제해결의 방법을 합리적으로 모색할 수 있음

③ 가해자와 피해자를 파악, 이들을 합리적으로 지도
가해자와 피해자를 구분하는 것은 이들의 책임소재를 따져서 누구를 처벌하고 누구를 보상하기 위해서가 아니다. 학교폭력의 경우 당사자 모두가 결국 피해자가 되는 경우가 많기 때문에 피해의 정도를 파악하여

앞으로의 예방대책을 마련하고, 억울함이나 상처를 치유하기 위한 것이며, 가해자와 피해자의 구분이 명확하지 않은 경우표면적인 관계만을 생각하기보다 그 이면에 감추어진 다양한 관계를 분석할 필요가 있다.

6. 성폭력 예방법

1) 성폭력의 개념과 행동 사례

① 성폭력의 개념

「성폭력 범죄의 처벌 및 피해자 보호 등에 관한 법률」에서는 기존의 형법 및 특별범죄 가중처벌에 해당하는 강제추행, 강간, 강간미수, 위력 혹은 위계에 의한 간음, 아동 성추행, 친족에 의한 강간, 장애인에 대한 준 강간, 업무상 위력 등에 의한 추행, 버스나 지하철과 같이 공중 밀집장소에서의 신체적인 추행, 언어적인 추행, 음담패설이나 통신매체이용 음란의 죄 등이 성폭력에 해당한다고 규정하고 있습니다.

○ 성폭력의 의미는?

상대방이 원하지 않는데 자신의 성적인 즐거움을 위해 강제로 하는 성적인 행위를 모두 일컫습니다. 성폭력은 얼마나 심한 행동을 했느냐도 중요하지만 상대방이 원했느냐 원하지 않았느냐도 중요한 기준입니다. 아직 생각이나 판단이 다 자라지 못한 어린이인 경우에는 저항하거나 충분히 싫다는 표현을 하지 못했다고 하더라도 어린이를 대상으로 한 성적인 행동은 모두 성폭력이라고 할 수 있습니다.

② 성폭력 행동 사례

다음의 행동들이 모두 성폭력입니다.
원하지 않는데 강제로 성관계를 하는 것은 성폭력입니다.
몸의 중요한 부위들, 성기나 유방 그리고 엉덩이나 배 등 수영복으로 가려지는 부위들을 원하지 않는데 만지거나 부비거나 빠는 것 모두 성폭력입니다.
성기나 유방 같은 중요한 부위가 아닌 다른 신체부위라고 하더라도 상대방의 성적인 즐거움을 위해 이용당한 느낌을 받으면 성폭력입니다.
원하지 않는데 자기의 신체부위를 보여주거나 만져달라고 하는 것도 성폭력입니다.
행동으로 하지 않더라도 신체부위나 성행위에 대한 말로 기분 나쁜 농담을 하거나 놀리는 것도 성폭력입니다.
야한 비디오나 음란물을 보여주는 것도 성폭력입니다.
강제로 보여주는 것이 아니더라도 어린이나 지적능력이 낮은 사람의 호기심을 자극해서 보여주는 것도 성폭력에 해당합니다.
어린이의 경우에는 스스로 동의했다고 하더라도 어른이나 나이 많은 청소년이 성적인 행동을 유도하는 것은 성폭력입니다. 생각이나 판단이 다 자라지 못한 어린이들이 몸과 마음을 다치지 않도록 어른들은 보호해줘야 합니다. 그러니까 어린이가 좋다고 했다고 하더라도 어른이나 나이 많은 사람이 성적인 행동을 함께 한다면 그것은 성폭행입니다.

2) 어린이 성폭력 예방을 위한 대처 방법

○ 이상한 기분이 들고 불안한 마음이 느껴질 때는

눈동자를 보고 당당하게 "싫어요" 또는 "만지지 마세요" 라고 말합니다.
틈을 이용해 그 자리를 피하거나 도망갑니다.
상대방의 입장보다 나의 안전을 먼저 생각합니다.
아는 사람과 둘만 있는 자리에서 분위기가 이상해 질 때는 상대방의 관심을 다른 데로 돌리기 위해 대화를 하도록 합니다.

○ 이런 장소를 조심하세요.
집에 혼자 있을 때 누가 오면 문을 열어 주지 않습니다.
다른 집을 방문할 때 혼자 들어가지 않습니다.
모르는 사람의 차를 타지 않습니다.
주변에 아무도 없는 곳에서 놀지 않습니다.
혼자서 뒷골목이나 어두운 거리를 다니지 않습니다.
공공 화장실에는 친구나 어른과 함께 가도록 합니다.

○ 이런 사람을 조심하세요.
잘 아는 사람이라도 좋지 않은 느낌이 들게 몸을 만지면 "만지면 안 돼요", " 싫어요!" 라고 합니다.
잘 모르는 사람이 과자나 장난감으로 유인을 하면 절대로 따라가지 않습니다.
차를 세우고 길을 물어보는 사람에게는 잡아 끌 수 있을 만큼 가까이 다가가지 않습니다.
길을 가르쳐 달라며 으슥한 골목으로 데리고 가면 핑계를 대고 빨리 도망칩니다.
혼잡한 버스나 지하철 안에서 누군가 몸을 접촉하거나 치근덕거리면 발을 밟거나 소리를 지르고 자리를 옮깁니다.

3) 아동 성폭력 피해 후 겪는 어려움

아동 성폭력은 13세 미만의 아동에 대한 성폭력을 말하며 성폭력 피해 후에 겪는 어려움은 다음과 같습니다.

○ 정신적 어려움

밤에 잘 때 악몽을 꿉니다.

모든 일에 의욕을 잃습니다.

자신의 성에 대해 부끄럽게 느낍니다.

부모님이나 가족들에게 벌컥 화를 내거나 신경질을 냅니다.

한 가지 일이나 어떤 사람에게 지나치게 집중하는 중독 증세에 빠집니다.

성폭력이나 성희롱을 당한 비슷한 상황이 될 때 무서워하는 마음을 갖게 됩니다.

결혼에 대해 부정적으로 생각합니다.

○ 신체적 어려움

소변이 자주 마렵습니다.

이유 없이 머리와 배가 아프다고 합니다.

식사하기를 싫어하거나 지나치게 많이 먹습니다.

옷을 자주 갈아입거나 자주 씻게 됩니다.

자주 잊어버리는 증세가 심해집니다.

에이즈나 성병에 걸릴 수도 있습니다.

○ 사회적 어려움

학교 가기 싫어합니다.

약한 이성 친구를 못살게 굴거나 모든 이성 친구는 적이라고 느낍니다.

사람들을 피하려고 하고, 아무도 믿지 않습니다.

가출하기도 합니다.

다른 사람을 성희롱하거나 성폭행하는 사람이 되기도 합니다.

또래 폭력단을 만들기도 합니다.

4) 치료와 성폭력 예방법

몸에 대한 치료는...

즉시 어른들께 알리고 48시간 이내에 병원 진찰을 받습니다.

피해 당시 입었던 옷을 그대로 입고 씻지도 말고, 화장실에도 가지 않고, 되도록 그대로 가서 진찰을 받아야 합니다.

○ 마음에 대한 치료는...

부모님과 선생님께 꼭 알리고 전문 상담기관에서 상담을 받습니다.

성폭력의 피해자도 다른 사람과 같이 훌륭한 삶을 살 수 있다는 확신을 가지도록 합니다.

○ 법적 조치는...

범인이 도망치고 있거나 위급한 경우에는 국번 없이 112로 신고합니다.

성폭력을 뿌리 뽑기 위해서는 반드시 신고하는 것이 필요합니다.

○ 우리들은...

아픈 친구나 다친 친구를 돕는 것처럼 성희롱이나 성폭력을 당한 친구들을 돕습니다.

이성 친구들에게 성희롱이나 성폭력을 하지 말아야 합니다.

이성 친구들 사이에 예절을 지켜야 합니다.

○ 성폭력 예방 방법

외출할 때는 부모님이나 주위 어른에게 가는 곳과 돌아오는 시각, 연락처를 미리 말씀드립니다.

집에 혼자 있을 때는 급할 때 연락할 수 있는 전화번호를 가까이에 적어놓습니다.

평소에 적당한 운동과 체력 단련으로 자신감을 기릅니다.

5) 성폭력 발생의 근본 원인

① 개인적 요인

퇴행형 가해자 : 성인이 일차적인 성적 대상이 되지만 상황에 따라 특히 스트레스가 심해질 경우 아동에게 성적 충동을 느끼는 집단으로 사회적으로는 정상적인 행동을 하지만 나이가 들면서 직업적 · 사회적 · 성적 적응상태가 매우 약해질 때 성폭력을 하게 된다.

고착형 가해자 : 선택적 소아기호증이라고도 부르는 고착형 가해자는 일찍부터 성적 대상이 아동으로 결정된 경우로 간혹 성인과 성관계가 있다 하더라도 일차적인 성적 대상이 아동인 집단이고 동성소아기호증이 대부분 이 유형에 속한다.

② 가족적 요인

근친 성폭력을 유발하는 가족유형은 첫째, 부부간의 성적 불화가 딸과의 근친 성폭력을 일으키게 하는 갈등회피형태이고, 둘째, 가족해체에 대해 공포가 있어 부녀의 근친 성폭력을 통해 가족을 하나로 묶고, 부부간의 갈등을 약하시키는 갈등조정 형태가 있다. 남매간의 근친 성폭력은 피해자가 성장한 후 정상적인 남녀관계에 잘 적응하지 못하는 결과를 낳기도 한다. 남매간의 근친성폭력이 일어나는 가정에서는 대개의 부모들이 이 사건이 이웃에게 알려질까 두려워서 피해자인 딸에게 침묵을 강요하기도 한다.

③ 사회 · 문화적 요인

여성과 아동에 대한 지배와 성적인 행위에 대한 합리화를 하는 한편 아동과 그 어머니에게 책임을 전가시키는 남성 중심의 성적 사회화 문화인 경우로 설명하고 있다.

④ 심리적 요인

아동성폭력은 잠재의식 속에 내재된 성적 호기심, 남성의 발산욕구 등의 외적표출이라는 제도권 밖에서 이루어지는 사회일탈현상이라고도 할 수 있다.

6) 성폭력 예방 10칙

첫째, 외출 시 만날 사람, 장소, 시간 등을 집안 어른에게 미리 알리도록 한다.
둘째, 등 · 하교 길에 인적이 드물고, 어두운 골목길은 피하도록 한다.
셋째, 낯선 사람의 차를 혼자 타지 않는다.

넷째, 집에 혼자 있을 때 누군가 오면 함부로 문을 열어주지 말아야 한다.
다섯째, 공공 화장실에 가거나 엘리베이터를 탈 때에는 친구나 어른과 함께 가도록 한다.
여섯째, 모르는 사람이 심부름을 시킬 때, "죄송합니다. 다른 분께 부탁하세요." 하며 빠르게 자리를 피한다.
일곱째, 엄마, 아빠 외는 어떤 누구 앞에서라도 절대로 옷을 벗으면 안됨을 강조한다.
여덟째, 누군가 속옷 속의 내 몸(가슴, 생식기)를 만지려고 하면 "안돼요! 싫어요!" 라고 큰소리로 말하고 도망친 후 부모님께 사실대로 말하도록 가르친다.
아홉째, 아는 사람과 둘만 있는 자리에서 분위기가 이상해질 때는 빨리 그 자리를 피해서 주위에 있는 사람들에게 도움을 요청한다.
열 번째, 자녀가 혼자 있을 때 위급한 상황이 생기면 급히 연락할 수 있는 전화번호를 알려준다.

VI 자연 재난 발생시 대처 방법

1. 지진

1) 장소별 지진 발생 중 대응 방법

보육실에서

- 영유아는 선생님의 안내에 따라 현재 있는 장소에서 가장 가깝고 안전한 위치로 신속히 이동하여 몸을 보호한다.

  견고한 책상, 구조물이 있을 경우 아래 또는 옆에 앉아서 몸을 웅크리고 다리를 꽉 잡는다.

  튼튼한 책상이 없을 경우 손과 팔 (또는 가방, 베개)로 얼굴과 머리를 가리고 신속히 외부로 통하는 문틀, 출입구 벽면에 가서 앉는다.
- 움직여도 괜찮다면 지진대피용 모자·방석을 쓰고 이동하며 현관·창문을 열어 출입구를 확보한다.
- 보관하고 있던 비상용품을 챙긴다.

화장실에서

- 화장실 타일, 거울과 먼 방향의 벽면에 앉아 손으로 머리를 보호한다.

조리실에서

- 가스레인지에서 떨어지고 흔들림이 안정되면 사용 중인 전열기구, 가스레인지 등을 신속하게 끈다.
- 전기 차단기를 내리고 가스 및 밸브를 잠근다.

실외에서

- 머리를 보호한다.

  건물 파편, 간판 등이 떨어질 수 있으므로 낙하물에 주의하여 손이나 가방으로 머리를 감싼다.

- 위험물로부터 몸을 피한다.

  자동판매기 등 고정되지 않은 물건, 좁은 길에 가지 않는다.

- 넓은 장소로 대피한다.

  최대한 건물로부터 멀리 떨어져 운동장, 공터, 공원으로 대피한다.

- 계단을 이용한다.

  엘리베이터가 있을 경우 작동이 되더라도 타지 않고 계단으로 이동한다.

2) 지진 발생 후 대응 방법

- TV, 라디오로 지진 상황을 확인한다.
- 여진에 대비한다.

  파괴된 건물 안에 있는 경우 트인 공간으로 이동한다.

- 부상자를 확인하고 응급처치를 실시한다.

  즉시 구조를 요청하고, 부상자가 위치한 곳이 위험하지 않다면 부상자를 그 자리에 그대로 두고, 옮겨야 할 경우 기도 확보, 머리와 부상 부위를 고정한 후 안전한 곳으로 옮긴다.

  의식을 잃은 부상자에게는 물을 주지 않는다.

- 모든 보육교직원과 영유아는 마음의 안전을 취한다.

  어린이집 밖으로 급하게 뛰어나갈 경우 유리창, 간판 등이 떨어질 수 있으므로 나가지 않는다.

  정전이 되고 화재경보기가 울리고 스프링쿨러가 작동되더라도 놀라지 않는다.

- 정전이 되었다면 손전등을 사용한다. 불(양초·성냥·라이터)은 누출된 가스가 폭발할 위험이 있기 때문에 사용하지 않는다.
- 전기·가스·수도를 확인한다.
  가스냄새가 나거나 가스 새는 소리가 나면 도시가스 계량기 전단(LPG용기) 밸브를 잠그고, 창문을 열어 놓고 대피하고, 관계기관(한국가스안전공사 1544-4500, 가스판매점(LPG), 지역도시가스회사)에 연락하여 신속한 조치를 받는다.
  전기에 문제가 있다면 전기차단기를 내린다.
  수도관에 피해가 있을 경우 밸브를 잠근다.

2. 황사

1) 황사 발생 전 대응 방법

- 창문을 닫아 황사 유입을 막는다.
- 야외활동(소풍 등)을 자제한다.
- 알레르기성 결막염, 비염, 기관지 천식 등 질병이 있어 주의가 필요한 영유아를 알아둔다.
- 손을 수시로 씻는다.
- 채소, 과일은 더욱 깨끗이 세척한다.

2) 황사 발생 중 대응 방법

- 등·하원(특히 보도)시 영유아에게 마스크 착용, 긴소매를 입히도록 사전에 가정에 안내한다.
- 공기청정기, 가습기 등으로 공기를 쾌적하게 유지한다.
- 모든 보육교직원과 영유아는 수분을 규칙적으로 섭취하게 한다.

● 황사에 노출된 비포장 식품은 버리거나 세척 후 위생용기에 보관한다.

3) 황사 발생 후 대응 방법

● 방송매체, 기상청 홈페이지 등 황사종료 여부를 확인한다.

● 실내공기를 환기시킨다.

● 어린이집 실내·외 청소 및 소독을 통해 먼지를 제거하고 오염된 물품은 충분히 세척 후 사용한다.

● 영유아는 손, 발을 깨끗이 씻기고 양치질을 시킨다.

● 모든 보육교직원과 영유아의 감기, 가려움증 여부 등 건강상태를 확인한다.

3. 태풍

1) 태풍 발생 전 대응 방법

● 영유아가 등·하원할 때 우천대비 용품(우비·우산·장화 등)을 착용하도록 사전에 가정에 안내한다.

● 우산의 경우 앞의 시야를 잘 볼 수 있는 우산으로 준비한다.(예:투명우산)

● 바람에 날아가거나 물에 떠내려갈 위험이 있는 어린이집 간판, 우편함, 화분 등은 고정시킨다.

● 어린이집 옥상이나 마당에 놓여 있는 이동식 놀이기구(놀이집·삼각대·흔들말· 자전거 등)는 실내로 옮긴다.

● 모든 출입문, 창문은 굳게 닫고 잠근다.

2) 태풍 발생 중 대응 방법

● 영유아 및 보육교직원은 바깥출입을 하지 않는다.

● 창문 가까이 접근을 금지시킨다.

- 유리창이 깨졌을 경우 영유아의 접근을 막고, 깨진 유리조각을 치운다.
- 복구가 어려운 경우 태풍·집중호우가 지나갈 때까지 기다린다.
- 유리파손을 방지하기 위하여 젖은 신문지, 테이프 등을 창문에 붙여 유리가 창틀에 고정되도록 하고, 커튼, 블라인드를 친다.
- 가스 사용 후 밸브를 반드시 잠근다
- LPG용기는 밸브를 잠그고, 도시가스는 계량기 전단 밸브를 잠근다.
- 사용하지 않는 전기는 콘센트에서 뽑는다.
- 전기수리를 하지 않는다.
- 침수 지역의 경우 모래주머니 등을 이용하여 어린이집에 물이 넘쳐서 흐르는 것을 막는다.
- 창문 틈에 신문지를 채워 넣는다.
- 부득이하게 보육교직원이 외출해야 할 경우를 제외하고 바깥출입을 하지 않는다.
- 하천 근처에 주차된 차량은 안전한 곳으로 이동시킨다.

3) 태풍 발생 후 대응 방법

- 붕괴, 침수된 경우 보수 및 복구 전에 사진을 찍어둔다.
- 가스, 수도, 전기 등 작동 여부를 확인한다.
- 바닥에 떨어진 전선 근처에 가지 않는다.
- 침수된 어린이집은 전기, 가스, 수도시설에 손을 대지 말고 전문업체에 연락하여 점검을 받는다.

4. 대설 및 한파

1) 대설 전 대응 방법

- 현관입구에 미끄럼방지대를 깔아놓는다.
- 창문이나 방문의 틈새를 막아 실내 온기가 외부로 새어 나가지 않도록 한다.
- 눈 녹은 물이 어린이집 안으로 스며들지 않는 지 점검한다.
- 보일러 배관, 수도계량기 보호함 내부는 헌옷으로 채우고, 외부는 테이프로 밀폐시켜 찬공기가 스며들지 않도록 보온한다.
- 설해 대비용 안전장구(체인, 모래주머니, 삽 등)를 차량에 구비한다.

2) 대설 중 대응 방법

- 계획된 바깥출입(야외활동 등)을 취소하고 영유아는 실내에서 가벼운 활동을 한다.
- 과도한 전열기 사용은 금지한다.
- 차량운행은 금지하여, 부득이하게 운행해야 할 경우 설해 대비용 안전장구(체인, 삽 등)를 반드시 장착한다.

3) 대설 후 대응 방법

- 마른걸레로 어린이집 입구에 물기를 수시로 제거한다.
- 어린이집 출입문, 골목길, 옥상 위, 차량 주변 등에 쌓여 있는 눈을 치운다.
- 눈 쌓인 지붕이나 고드름이 있는 곳은 접근하지 않는다.
- 눈이 많이 쌓인 경사면 주변과 위험지역(미확인 장소, 맨홀 등)에 위험표지를 하고 접근하지 않는다.
- 미끄러운 빙판길이 있을 경우 모래를 뿌리고, 미끄럼주의 표지판을 설치하여 근처에 접근하지 않는다.

- 차량이용 시 창에 서행안내 표지판을 부착하여 안전운행을 한다.
- 수도관, 전기, 가스 등 안전점검을 한다.
  수도관이 얼었을 때는 헤어드라이어 등 온열기를 이용하여 녹이거나, 미지근한 물로녹인다.
  전기, 가스 안전점검을 하고 누출 시 해당 전문가를 부른다.

5. 폭염

1) 한낮의 뜨거운 햇볕은 피하기

- 얇은 옷을 헐렁하게 입고, 챙이 넓은 모자나 선크림을 발라 자외선을 차단한다.
- 실외활동, 소풍 등이 계획되어 있다면, 취소하고 실내에서 대체활동 (과한 운동은 자제)을 한다.
- 보육실을 시원하게 유지하고, 햇볕이 바로 들어오는 창문은 커튼이나 천으로 직사광선을 차단한다.
- 통학차량이 있을 경우 그늘진 곳에 주차한다.
- 준비 없이 물에 들어가거나 갑자기 찬물로 샤워하지 않는다.

2) 위생적인 생활

- 물은 끓여 먹고, 음식은 익혀 먹으며 날음식은 삼간다.
- 음식은 오래 보관하지 말고 조금이라도 상한 음식은 버린다.
- 조리 기구는 청결히 사용한다.
- 찬 음식을 자주 먹지 않는다.
- 평소 손을 자주 씻는 등 위생 습관을 철저히 한다.

3) 냉방기기를 바르게 사용

- 냉방기기를 사용할 경우 실내·외 온도차를 5° C 내외로 유지한다.
- 실내 온도는 26~28° C가 적당하다.
- 장시간 에어컨을 가동할 경우 환기를 자주 시킨다.
- 에어컨, 선풍기는 사용 후 끄거나 일정시간 가동 후 꺼지도록 예약한다.
- 선풍기를 창문 쪽으로 돌려 환기를 유도한다.
- 냉방이 안 되는 실내에는 햇볕을 차단하고 맞바람이 불도록 환기시킨다.

4) 건강상태 살피기

- 더위와 관련된 질병이 있는지 건강상태를 살핀다.
- 활동 중간에 휴식시간을 갖거나 피곤해 하는 영유아는 쉬도록 한다.
- 수분을 자주 섭취한다.
- 이상증상이 있을 경우 응급조치 후 병원에 간다.

6. 미세먼지

1) 미세먼지 기준

- 미세먼지 기준

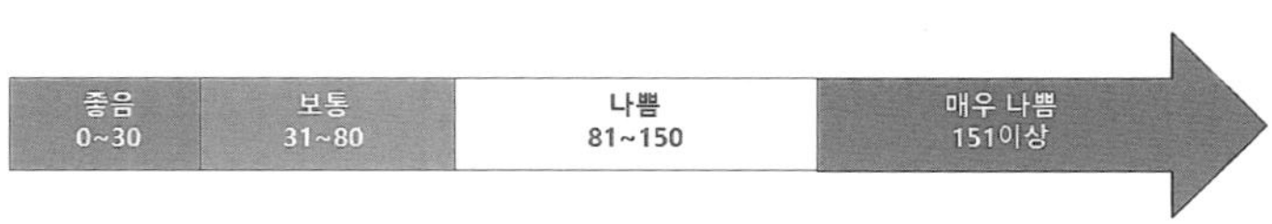

- 초미세먼지 기준

2) 각 단계별 대응 요령

단 계	대응요령
평상시	● 매일 오전 오후 1회씩 30분씩 환기한다. ● 월 1회 이상 천장, 벽면, 창틀, 방충망 등에 먼지가 쌓이지 않도록 청소를 실시한다. ● 보건용 마스크, 상비약 등을 비치한다. ● 호흡기 질환 등 취약한 영유아 관리 대책을 세운다. ● 보호자 비상 연락망 확보하고 가정에 부모님의 행동요령을 적극 안내한다.
나쁨 발령 시	● 실외 활동을 하지 않고 실내 활동으로 전환한다. ● 미세먼지 예보상황 및 농도 변화를 수시로 확인한다. ● 에어코리아(airkorea.or.kr)와 같은 우리 동네 대기질 모바일 웹을 적극 활용하여 안내에 따른다.
고농도 발령 시	● 원아가 외출하지 않고 실내에서 생활하도록 한다. ● 등하원 시 반드시 마스크를 착용하고 수시로 손을 씻도록 안내한다. ● 호흡기 질환 등이 나타나는지 면밀히 관찰하고 이상 증후 발견 시 즉시 보호자, 보건소 등에 연락한다. ● 공기청정기 사용, 물걸레 청소 등 실내 공기질을 적극 관리한다.
주의보 발령 시	● 실외활동을 일체 중지한다. ● 필요시 등하원 시간을 조정한다. ● 시설 내 기계, 가구, 식재료 등에 대한 위생관리를 대폭 강화한다.
비상저감 조치 또는 경보 발령 시	● 비상저감조치 시 실외활동을 금지하고 수업시간을 단축, 휴원을 검토한다. ● 경보발령 시 임시 휴원 조치를 검토한다.

VII 어린이집 안전사고 유형과 예방법

1. 어린이집 안전사고 현황

가. 성별·연령별 아동 사고현황

구분		2017	2018	2019
계		20,451건 (100.0%)	20,649건 (100.0%)	22,802건 (100.0%)
성별	남	12,434 (60.8)	12,630 (61.2)	13,873 (60.8)
	여	8,017 (39.2)	8,019 (38.8)	8,929 (39.2)
연령별	경아	7,686 (37.6)	7,846 (38.0)	8,368 (36.7)
	유아	11,069 (54.1)	11,090 (53.7)	12,482 (54.7)
	만6세 이상	1,696 (8.3)	1,713 (8.3)	1,952 (8.6)

최근 3년간 어린이집 안전 공제회에서 분석한 자료에 따르면 2019년의 경우 성별로는 남아가 60.8%, 여아가 39.2%로 나타났고, 연령별로 보면 영아는 54.7%, 유아는 54.7%, 만 6세 이상은 8.6%로 나타났다.

나. 시간대별 아동 사고 현황

구분	2017	2018	2019
계	20,451건 (100.0%)	20,649건 (100.0%)	22,802건 (100.0%)
7:00 ~ 11:29	7,134 (34.9)	7,245 (35.1)	8,220 (36.0)
11:30 ~ 15:29	9,560 (46.7)	9,571 (46.4)	10,534 (46.2)
15:30 ~ 19:29	3,682 (18.0)	3,782 (18.3)	3,988 (17.5)
기타*	75 (0.4)	51 (0.2)	60 (0.3)

* 기타 : 19시30분 이후 또는 사고 시각 미상 등

최근 3년간 시간대별 아동사고 현황을 보면 2019년의 경우 오전 7시~11시29분까지가 36%, 11시30분~15시29분까지가 46.2%, 15시30분~19시29분까지가 17.5%로 나타났다.

다. 사고원인별 아동 사고현황

구 분	2017	2018	2019
계	20,451건 (100.0%)	20,649건 (100.0%)	22,802건 (100.0%)
영유아 부주의	15,183 (74.3)	15,020 (72.7)	16,887 (74.1)
영유아간 활동 및 다툼	3,288 (16.1)	3,296 (16.0)	3,432 (15.1)
시설 설비 하자	1,011 (4.9)	1,322 (6.4)	1,597 (7.0)
보육교직원 부주의	557 (2.7)	596 (2.9)	550 (2.4)
벌레, 동물에게 물림	119 (0.6)	155 (0.8)	159 (0.7)
기타*	293 (1.4)	260 (1.3)	177 (0.8)

* 기타 : 원인 미상 또는 책임 소재가 불분명함

최근 3년간 사고원인별 아동사고현황을 보면 2019년의 경우 영유아 부주의가 74.1%, 영유아간 활동 및 다툼이 15.1%, 시설 설비 하자가 7% 등으로 나타났다.

라. 사고 유형별 아동 사고 현황

구 분	2017	2018	2019
계	20,451건 (100.0%)	20,649건 (100.0%)	22,802건 (100.0%)
넘어짐	6,253 (30.6)	6,363 (30.8)	6,909 (30.3)
물체에 부딪힘	5,197(25.4)	5,176 (25.1)	5,687 (24.9)
사람과 부딪힘	1,418 (6.9)	1,420 (6.9)	1,567 (6.9)
꼬집음, 할퀴	980 (4.8)	1,005 (4.9)	1,194 (5.2)
긁힘	788 (3.9)	964 (4.7)	1,005 (4.4)
물림-사람	527 (2.6)	624 (3.0)	728 (3.2)
당김	701 (3.4)	543 (2.6)	651 (2.9)
끼임	556 (2.7)	528 (2.6)	642 (2.8)
찔림	532 (2.6)	533 (2.6)	638 (2.8)
떨어짐	572 (2.8)	537 (2.6)	568 (2.5)
미끄러짐	437 (2.1)	418 (2.0)	467 (2.0)

눌림(압박)	507 (2.5)	404 (2.0)	455 (2.0)
이물질 삼킴(삽입) 및 흡입	408 (2.0)	391 (1.9)	442 (1.9)
화상	402 (2.0)	432 (2.1)	415 (1.8)
베임	224 (1.1)	249 (1.2)	256 (1.1)
물림-벌레 등	205 (1.0)	182 (0.9)	236 (1.0)
음식물 섭취	143 (0.7)	152 (0.7)	173 (0.8)
기타	601 (2.9)	728 (3.5)	769 (3.4)

* 기타 : 원인미상, 해당 없음, 호흡곤란 등

최근 3년간 사고 유형별 아동사고 현황을 보면 2019년의 경우 넘어짐이 30.3%, 물체에 부딪힘이 24.9%, 사람과 부딪힘이 6.9% 등으로 나타났다.

마. 부상 유형별 아동 사고 현황

구 분	2017	2018	2019
계	20,451건 (100.0%)	20,649건 (100.0%)	22,802건 (100.0%)
찢어짐	6,039 (29.5)	5,952 (28.8)	6,261 (27.5)
찰과상	3,171(15.5)	3,345 (16.2)	3,787 (16.6)
타박상	3,070 (15.0)	3,168 (15.3)	3,780 (16.6)
골절	1,605 (7.8)	1,557 (7.5)	1,793 (7.9)
치아손상	1,733 (8.5)	1,711 (8.3)	1,700 (7.5)
탈구	1,197 (5.9)	1,163 (5.6)	1,303 (5.7)
삠	815 (4.0)	771 (3.7)	962 (4.2)
베임	332 (1.6)	380 (1.8)	445 (2.0)
화상	412 (2.0)	438 (2.1)	422 (1.9)
호흡곤란 등	118 (0.6)	97 (0.5)	87 (0.3)
눌림(압박)	102 (0.5)	94 (0.5)	-
기타*	1,857 (9.1)	1,973 (9.6)	2,262 (9.8)

* 기타 : 물린 상처, 이물질(음식물) 걸림 및 삼킴, 안구손상, 기타 등

최근 3년간 부상 유형별 아동 사고 현황을 보면 2019년의 경우 찢어짐이 27.5%, 찰과상이 16.6%, 타박상이 16.6% 등으로 나타났다.

바. 부상 부위별 아동 사고 현황

구 분	2017	2018	2019
계	21,851건 (100.0%)	22,082건 (100.0%)	24,511건 (100.0%)
얼굴	13,408 (61.4)	13,782 (62.4)	15,056 (61.4)
팔	4,429 (20.3)	4,310 (19.5)	4,868 (19.9)
다리	2,153 (9.9)	2,170 (9.8)	2,498 (10.2)
머리	988 (4.5)	936 (4.2)	1,173 (4.8)
목	249 (1.1)	248 (1.1)	275 (1.1)
몸통	270 (1.2)	272 (1.2)	258 (1.1)
기타	354 (1.6)	364 (1.6)	383 (1.6)

* 부상부위는 중복 기재 반영

최근 3년간 부상 부위별 아동 사고현황을 보면 얼굴이 61.4%, 팔이 19.9%, 다리가 10.2% 등으로 나타났다.

2. 어린이집 실내외 시설 안전 관리방법

● 실내 시설 안전관리 방법

가. 현관문 및 출입구

1) 벨 또는 인터폰 설치

● 현관문 앞에 벨이나 인터폰 중 하나 이상은 반드시 설치한다.

● 벨이나 인터폰에 선이 달려있는 경우 영유아의 손이 닿지 않는 위치에 설치한다.

  ● 인터폰을 설치할 경우 각 실의 인터폰 번호와 안내글 (활동시간 공지 등)을 부착한다.

나. 복도 및 계단

1) 복도

- 복도는 최소한 성인 두 사람이 어깨를 부딪치지 않고 지나갈 수 있는 정도의 너비를 확보한다(영유아 충돌 방지).

2) 계단

- 계단의 높이 · 너비 · 경사는 영유아의 신체 크기에 맞게 설치한다.
- 난간은 계단 양쪽에 설치하는 것이 바람직하나, 한쪽에만 설치할 경우 오른쪽에 설치하고, 다른 한쪽은 벽으로 되어있어야 한다.
- 성인용으로 설치된 계단의 경우 영유아의 신체크기에 맞는 손잡이형 난간을 설치한다.
- 계단 바닥재는 미끄럽지 않은 재질을 사용하고, 계단의 끝부분에 미끄럼방지대를 설치한다.

3) 인증 제품 사용

- 전기용품 사용 시 전기용품안전관리법에 의해 인증받은 KC제품을 사용한다

.

4) 전선 정리

- 영유아 손에 닿는 모든 전선은 길거나 엉키지 않게 하고 짧게 정리한다.
- 바닥이나 문틀을 통과하는 전선은 통행에 방해되거나 손상되지 않도록 정리한다.
- 전선 정리용 졸대, 전선보관함을 이용할 수 있다.

다. 보육실, 유희실

1) 콘센트

- 플러그가 정상적으로 꽂혀 있는지 확인
  콘센트에 전기기구의 플러그가 제대로 꽂혀 있지 않아 검게 그을린 흔적이 있는지 확인한다.

2) 접지극이 있는 콘센트 사용

- 접지극이 있는 콘센트를 사용하여 누전에 의한 감전사고를 예방한다.

3) 안전덮개 설치

- 영유아 손이 닿는 위치에 사용하지 않는 콘센트가 있을 경우, 안전용 콘센트 또는 안전덮개를 설치한다.

4) 전열 · 전기기구의 문어발식 사용 금지

- 정격용량을 초과하면 과열되므로 하나의 멀티콘센트에 너무 많은 플러그를 꽂지 않는다.
- 사용하지 않는 전기제품의 플러그는 뽑는다.

5) 물기(습기) 있는 장소의 유의

- 물기가 있는 장소(화장실, 주방 등)에는 덮개용 콘센트(방적형) 또는 누전 차단 콘센트를 사용하는 것이 좋다.

6) 전기용품과 벽면 콘센트 간의 거리 유지

- 전기용품과 벽면에 설치된 콘센트의 이격거리가 좁을 경우 발열 · 과

열에 의한 화재위험이 있으므로 충분한 이격거리를 유지시킨다.

라. 화장실, 목욕실, 조리실

1) 변기

- 영유아용 화장실 문은 영유아가 스스로 열고 닫을 수 있도록 설치한다.
- 용변을 볼 때 영유아가 불안해하지 않고 보육교직원이 쉽게 감독할 수 있는 높이로 문을 설치한다.
- 영유아용 변기는 가급적 10~15인당 1개 이상을 설치할 것을 권장한다.
- 영유아의 신체 크기에 맞는 변기를 설치한다. 부득이하게 성인용 변기를 사용할 시 영아를 위한 보조대와 안전발판을 설치한다.
- 변기 휴지걸이는 영유아가 앉아서 안전하게 사용할 수 있는 위치에 설치한다.
- 모서리가 뾰족한 휴지걸이 등의 경우 모서리 보호대를 설치한다.

2) 화장실 바닥

- 화장실 바닥은 하수구를 향해 적정 경사가 이루어져 배수가 잘 되는 구조여야 한다.
- 바닥재는 표면이 미끄럽지 않은 것을 사용한다. 바닥이 미끄러울 경우 미끄럼방지대 또는 물기제거판을 설치한다.
- 화장실 바닥은 수시로 체크하고 마른 걸레로 물기를 제거하여 항상 물기가 없고 건조한 상태를 유지한다.
- 미끄럽지 않은 화장실용 신발을 구비한다

3) 세면대

- 영유아의 신체 크기에 맞는 세면대를 설치한다. 성인용 세면대를 사용할 경우 영유아 신체 크기에 맞도록 세면대 밑에 계단이나 안전한 발판 등을 놓아 준다.
- 세면대는 벽과 단단하게 고정시키고 모서리가 뾰족할 경우 모서리 보호대를 설치한다.
- 영유아가 수도꼭지를 조작해서 뜨거운 물이 나오지 않도록 수온을 조절하고 온수 조절장치 등을 설치한다.
- 수건 또는 휴지걸이 · 핸드타월 등은 영유아가 안전하게 사용할 수 있는 위치에 설치한다.

4) 목욕실

- 목욕실은 보육실과 인접한 공간에 위치하고 건물 내부에 설치한다.
- 목욕실이 따로 있지 않은 경우 샤워설비 및 냉온수 공급을 위한 설비를 갖추어야 하며 난방을 해야 한다.
- 샤워기의 위치는 영유아의 손이 닿지 않는 높이에 설치한다.
- 영유아가 수도꼭지를 조작해서 뜨거운 물이 나오지 않도록 수온을 조절하고 온수조절장치 등을 설치한다.
- 욕조에 물이 차 있으면 자칫 영유아의 경우 익사 사고의 위험이 있으므로 반드시 욕조 사용 후 물을 반드시 다 빼야 한다.

5) 비품 및 세제 관리

- 세탁기가 영유아 활동 공간에 있는 경우 뚜껑을 닫고 잠금장치를 한다. 또한 영유아가 출입을 하지 못하도록 해당 공간에 칸막이를 설치하

고 잠금장치를 한다.

- 위험한 물건(세제, 살충제, 표백제 등)은 영유아 손이 닿지 않는 수납장이나 선반에 보관한다. 자칫 영유아 손이 닿는 곳에 디자인이 이쁘게 되어 있는 세제 등이 있으면 뚜껑을 딴 후 마실 수 있으므로 각별히 유의한다.

● 실외 시설 안전관리 방법

가. 어린이집 주변 담장, 울타리

1) 담장 및 울타리 등

- 어린이집이 도로와 접해 있거나 지형적으로 위험성이 있는 경우, 울타리나 담장 등을 설치한다.
- 울타리나 담장 설치 시 영유아들이 울타리 · 담장을 딛고 올라설 수 없도록 하고, 울타리 아래로 애완동물이 출입할 수 없도록 설치한다.

2) 건물 외부 관리

- 어린이집 외부에 놓여있는 에어컨 실외기 · LPG 가스통 등은 영유아의 접근이 가능하지 않은 곳에 설치하거나 보관장소를 자물쇠로 잠가 놓는다.

3) 위험요소 제거

- 어린이집의 주변에 있는 맨홀 뚜껑이 잘 덮여 있는지 확인하고, 웅덩이, 요철, 녹슨 부분, 감전 위험물 등을 없앤다.
- 어린이집의 마당이나 구석진 곳에 위험요소(깨진 화분, 적재물, 삽, 목재더미, 파손된 가구 등)가 없는지 확인한다.

● 위험요소가 발견될 경우 즉시 제거한다. 보수하는데 시간이 걸릴 경우 '접근 불가'혹은 '수리중'으로 표시하여 영유아의 접근을 막는다.

나. 놀이터

1) 옥외 놀이터

● 어린이집 자체부지가 있는 정원 50인이상 어린이집은 옥외놀이터를 설치한다.

● 옥외놀이터는 「영유아보육법」, 「어린이놀이시설안전관리법」, 「품질경영 및 공산품 안전관리법」, 「환경보건법」 등에서 정한 기준을 준수하여 설치한다.

● 옥외놀이터에는 모래밭(천연 및 인공잔디, 고무매트, 페타이어 블록 또는 「어린이 놀이시설안전관리법」에서 정하는 기준에 적합한 것을 포함한다)에 6세 미만의 영유아가 이용할 수 있는 대근육 활동을 위한 놀이기구 1종 이상을 포함하여 놀이기구 3종 이상이 설치된 옥외놀이터를 설치하여야 한다.

● 놀이터 바닥은 모래밭, 천연 및 인공잔디, 고무매트 등으로 설치한다.

● 영유아의 키 높이에 해당되는 놀이기구의 면에 충격을 완화할 수 있는 장치를 설치한다.

2) 옥내놀이터(실내·옥내중간·옥상놀이터)

● 놀이터로 사용하는 공간 및 놀이터 주변에는 소음, 분진, 폭발, 화재 등의 위험시설을 설치하거나 방치할 수 없다.

● 건물 내부를 엘리베이터로 이동하지 않는 경우, 보육실로부터 5층

이내로 설치(건물최상층 바닥면에 설치하는 놀이터 포함)한다.

- 엘리베이터가 작동하고, 비상재해대비시설을 설치한 건물의 경우 층수 제한 없이 놀이터 설치가 가능하다.
- 옥내놀이터까지 계단으로 이동하는 경우 아동용 손잡리 레일을 영유아가 잡거나 짚고 올라가서 넘어갈 수 없는 구조로 설치하고 기타 안전에 필요한 장비를 설치한다.

3) 옥상놀이터

● 어린이집으로 사용하는 건물의 최상층에 놀이터를 설치하는 경우 영유아의 안전을 위하여 보호난간 및 기타 안전에 필요한 장비를 설치하여야 한다.

● 보호난간은 최소 1.5m이상의 높이로 설치하되, 바닥면 최하단으로부터 1.2m 까지는 콘크리트 · 조적(벽돌 등) 또는 강화유리 등으로 설치하고 기타사항은 옥내 중간놀이터 설치기준을 적용한다.

3. 교직원 현장 대응 방법

1) 보육실

안전수칙

보육교직원 안전수칙

구분	내용
보육실 및 가구	· 영유아만 두고 보육실을 비우지 않아요. · 영유아를 돌보며 행정업무를 하지 않아요. · 가구 위에 무거운 것이나 위험한 것을 올려두지 않아요. · 화상을 입을 수 있는 금무건, 뜨거운 물이 들어있는 텀블러나 컵 등은 보육실에 두지 않아요. · 보육실 가구에는 모서리보호대, 안전잠금장치를 설치해요.
문 및 창문	· 문을 열고 닫을 때 문 앞에 영유아가 있는지 살펴보아요. · 문닫힘 방지대를 반드시 사용해요. · 창문 아래쪽에는 영유아가 기어오를 수 있는 가구나 비품 등을 두지 않아요.
놀잇감	· 바닥에 걸려 넘어지거나 밟아 다칠만한 놀잇감이 있는지 수시로 확인해요. · 만0세-1세 영아에게 직경 3.5cm 놀잇감(구슬, 작은 레고블록, 단추 등)을 제공하지 않아요. - 고장이나 파손되어 위험한 놀잇감이 있는지 매일 확인해요.
바닥 및 벽	· 영아가 삼킬만한 이물질, 영유아 발에 걸려 넘어질 수 있는 물건(전선, 끈 등), 발을 다치게 하는 물건(유리조각, 바늘, 철사, 파편 등)이 있는지 수시로 점검해요. · 게시된 액자 등이 벽에 떨어질 염려가 없는지 수시로 점검하고, 단단하게 고정시켜 놓아요. · 벽에 압핀이나 압정 대신 피밀비민더, 나무집게 등을 사용해요.
전선 및 콘센트	· 모든 전선은 짧게 정리해 놓아요. · 하나의 콘센트에 많은 플러그를 꽂지 않아요. · 콘센트를 사용하지 않을 때는 안전덮개로 덮어 놓아요. · 콘센트에 먼지가 들어가지 않게 옆으로 돌려놓아요.

2) 유희실 및 강당

안전수칙

보육교직원 안전수칙

- ☑ 넓은 공간을 확보하기 어려운 경우 소그룹으로 나누어 활동할 수 있도록 안내해요.
- ☑ 정적활동(책보기 등)과 동적활동(미끄럼틀 등)의 공간은 서로 거리를 두고 배치해 놓았는지 확인해요.
- ☑ 고정식 놀이기구(미끄럼틀, 볼풀장 등)가 단단히 고정되어 있는지 수시로 확인해요.
- ☑ 1m 이상 높이의 놀이기구 주변에 있는 벽면, 바닥, 기둥, 모서리면에 충격 완화 장치(충격흡수용 표면제) 설치 여부를 확인해요.

3) 놀이터 및 마당

안전수칙

보육교직원 안전수칙

- ☑ 놀이터에서 영유아 간 부딪힘이나 영유아가 물체에 부딪히는 사고가 발생하지 않도록 세심하게 관찰해요.
- ☑ 관내 놀이터 및 마당에 사고 위험 요인이 있는지 확인해요.
- ☑ 위험한 곳에 올라간 영유아의 경우 안전하게 내려올 수 있도록 도와주어요.
- ☑ 오르기 기구(정글짐, 그물망 오르기, 계단 오르기, 사다리 오르기 등)가 흔들림 없이 단단하게 고정되어 있는지 확인해요.

4) 복도 및 계단

안전수칙

보육교직원 안전수칙

- ☑ 영유아들과 우측통행을 하며 함께 이동해요.
- ☑ 한 번에 많은 인원이 이동하지 않고, 인원수를 조정하며 이동해요.
- ☑ 안전바를 잡고 이동하도록 안내해요.
- ☑ 영유아가 복도와 계단을 오르내릴 때 보육교직원이 가까이에서 지켜보아요.

5) 화장실

안전수칙

보육교직원 안전수칙

- ☑ 혼자 화장실을 갈 수 있는 유아는 가기 전에 반드시 알리도록 하고, 다녀온 후에는 잘 다녀왔는지 확인해요.
- ☑ 수건 또는 휴지걸이는 영유아가 안전하게 사용할 수 있는 위치에 설치해요.
- ☑ 화장실 바닥은 수시로 체크하여 물기가 없는 상태를 확인해요.
- ☑ 기저귀는 반드시 지정된 공간(기저귀 갈이대)에서 갈아주어요.
- ☑ 영유아의 팔을 세게 당기지 않아요.

6) 견학 장소 및 공원

안전수칙

보육교직원 안전수칙

- ☑ 통학차량 탑승 후에는 안전띠 착용을 확인하고 가방이나 준비물 등이 떨어질 염려가 없는지 확인해요.
- ☑ 영유아가 전체 무리를 벗어나지 않도록 주위를 자주 살피며 영유아의 인원수를 수시로 확인해요.
- ☑ 영유아를 두고 보육교직원만 이동하지 않아요.
- ☑ 주변에 유리 파편, 돌 등 위험한 요소가 있는지 확인해요.
- ☑ 급하게 서두르지 않아요.

7) 인근 놀이터 및 운동장

안전수칙

보육교직원 안전수칙

- ☑ 실외활동 나가기 전 영유아 옷차림(모자끈, 운동화끈, 머리끈 등)의 위험성 여부를 확인해요.
- ☑ 실외놀이 전에 비상약품을 챙겨요.
- ☑ 놀이터 바닥에 유리 파편 등 위험한 요소가 있는지 확인해요.
- ☑ 놀이기구를 이용할 때 차례를 지킬 수 있도록 지도하고 수시로 인원 점검을 해요.
- ☑ 이탈행동이 빈번하거나 산만한 영유아는 주의하여 살펴요.
- ☑ 높이가 있는 놀이기구에서 노는 영유아는 더 주의하여 살펴요.
- ☑ 위험한 곳에 올라간 영유아의 경우 안전하게 내려올 수 있도록 도와주어요.

8) 등·하원길

안전수칙

보육교직원 안전수칙

- ☑ 도보로 이동 시 영유아가 보육교직원 시야에서 벗어나지 않도록 확인해요.
- ☑ 함께 이동 시 영유아가 전체 무리를 벗어나지 않도록 선두와 후미에서 살펴요.
- ☑ 통학차량에 승·하차 시 한 줄로 차례대로 승·하차할 수 있도록 지도하고 영유아가 안전띠를 착용할 수 있도록 도와주어요.
- ☑ 통학차량 내부시설에 영유아의 옷자락이나 신발 끈 및 가방 등이 끼이지 않도록 잘 여미고, 차문이나, 손잡이에 걸리지 않았는지 확인해요.
- ☑ 횡단보도에서 대기 시 한 발짝 물러서 있는지 확인해요.

9) 현장학습 시 유의사항

1) 반드시 사전 답사하기

- 낯선 장소를 갈 땐 사고 위협이 높으므로 사전 답사하여 안전을 확인한다.
- 답사 시 전체 소요시간, 이동경로, 화장실, 특정경로, 필요경비 등을 꼼꼼히 점검한다.

2) 부모님에게 충분히 안내하기

- 현장학습 안내를 부모님께 충분히 공지하고 현장학습 동의서를 받는다.
- 현장학습 전날 재공지하여 출발시간, 장소, 옷차림, 유의사항, 준비물을 안내한다.

3) 필요준비물 미리 준비하기

- 필요한 준비물 체크리스트를 만들어 전날 준비한다.
- 여러 명의 교사들을 배정하고 교사들 간 역할분담을 명확하게 한다.

4) 아이들 대상 안전교육 및 건강 체크하기

- 현장학습 장소와 학습 시 준수사항에 대하여 전날 교육을 실시한다.
- 현장학습일 등원 시 부모에게 개별 아동의 건강상태 확인 및 열 체크를 실시하도록 안내한다.

5) 교통수단의 안전성 확인

- 운전자에게 안전 · 방어운전 및 법규 준수를 당부한다.
- 차내 어린이용 안전벨트 착용 등 차내 준수사항을 안내한다.
- 인솔교사는 승차 시 가장 늦게, 하차 시 가장 일찍 내려 어린이들이 안전하게 승 · 하차 할 수 있도록 한다.

- 하차 후 차내에 남아 있는 어린이가 있는지 확인한다.

6) 현장에서 수시로 인원 점검하기

- 어린이집 출발, 현장학습 장소 도착, 장소 출발, 어린이집 도착 등 4회에 걸쳐 인원을 확인한다.
- 교사가 2인인 경우 맨 앞과 맨 뒤에서 인솔한다.
- 특히 돌봄이 필요한 아이는 교사와 짝을 이루어 아동의 이탈을 방지한다.

4. 어린이집 안전사고 Q&A

1) 안전사고 장소와 유형

문제 1) 어린이집 내외 안전사고 중 가장 많이 발생하는 장소가 어떻게 되나요?

- 어린이집 안전공제회의 자료에 따르면 2018년 어린이집 사고 중 관내가 84.6% 관외가 15.4%로 나타남
- '관내 사고' 는 보육실 65.1%, 유희실 및 강당 15.2%, 놀이터 및 마당 9.2% 등이며 '관외 사고' 는 견학장소 및 공원 43.3%, 놀이터 및 운동장 33.3%, 길 12.2% 등으로 나타남

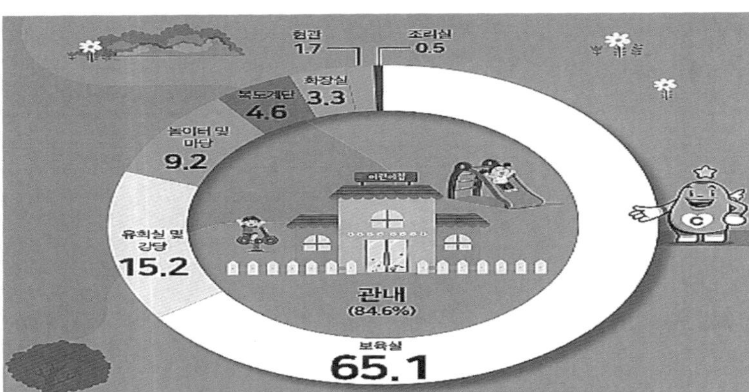

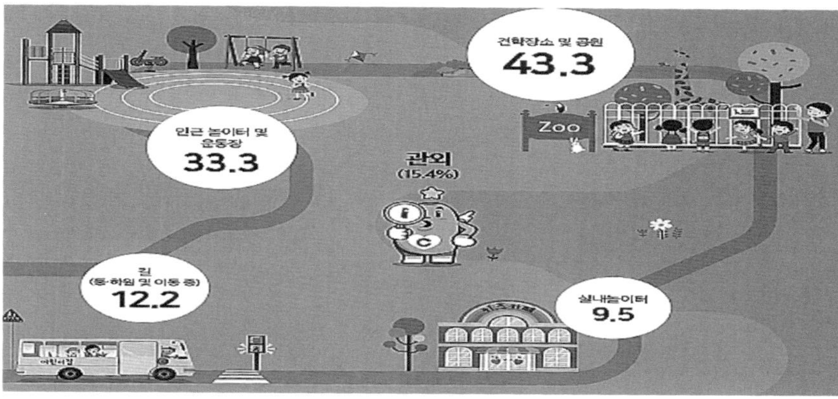

문제 2) 보육실에서 가장 많이 발생하는 사고유형은 무엇입니까?

- 보육실에서 발생하는 사고 유형 중 가장 많은 것은 물체에 부딪힘이 29.4%로 가장 많고 다음이 넘어짐 24.1%, 꼬집고 할퀴이 6.9%, 사람과 부딪힘이 5.9%, 긁힘이 5.5% 순으로 나타남

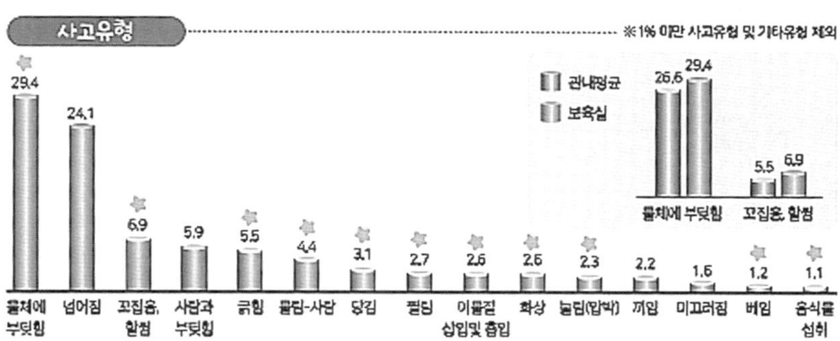

문제 3) 유희실 및 강당에서 가장 많이 발생하는 사고유형은 무엇입니까?

- 유희실 및 강당에서 발생하는 사고 유형 중 가장 많은 것은 넘어짐이 34.5%로 가장 많고 다음이 물체에 부딪힘 22.5%, 사람과 부딪힘 12.5%, 꼬집

고 할큄이 4.1%, 떨어짐 3.6% 순으로 나타남

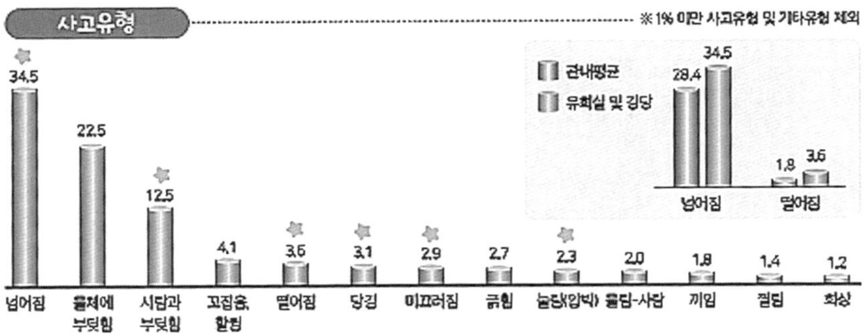

문제 4) 놀이터 및 마당에서 가장 많이 발생하는 사고유형은 무엇입니까?

- 놀이터 및 마당에서 발생하는 사고 유형 중 가장 많은 것은 넘어짐이 39.6%로 가장 많고 다음이 물체에 부딪힘 18.5%, 사람과 부딪힘 10%, 떨어짐이 6.7%, 긁힘이 4.4% 순으로 나타남

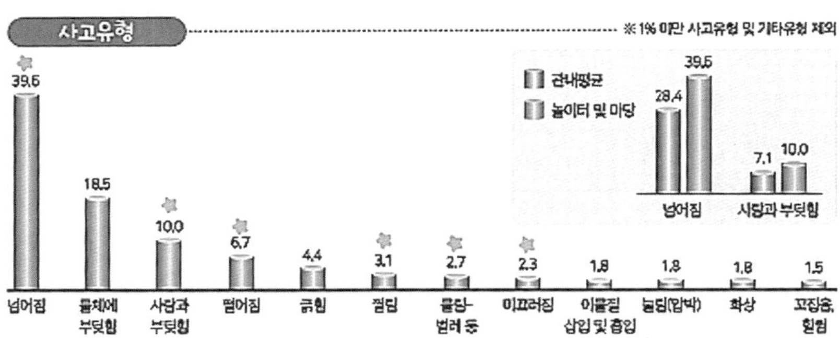

문제 5) 복도 및 계단에서 가장 많이 발생하는 사고유형은 무엇입니까?

● 복도 및 계단에서 발생하는 사고 유형 중 가장 많은 것은 넘어짐이 50.3%로 가장 많고 다음이 물체에 부딪힘 18.1%, 사람과 부딪힘 4.8%, 긁힘이 3.2%, 미끄러짐이 3.1% 순으로 나타남

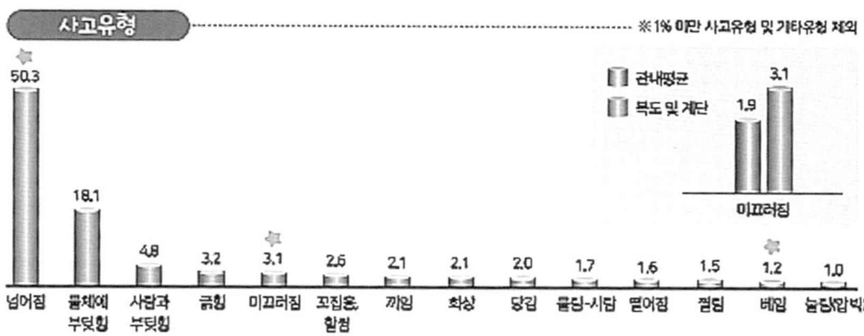

문제 6) 화장실에서 가장 많이 발생하는 사고유형은 무엇입니까?

● 화장실에서 발생하는 사고 유형 중 가장 많은 것은 물체에 부딪힘이 33.2%로 가장 많고 다음이 넘어짐 21.6%, 끼임 11.9%, 당김이 5.2%, 긁힘이 4.4% 순으로 나타남

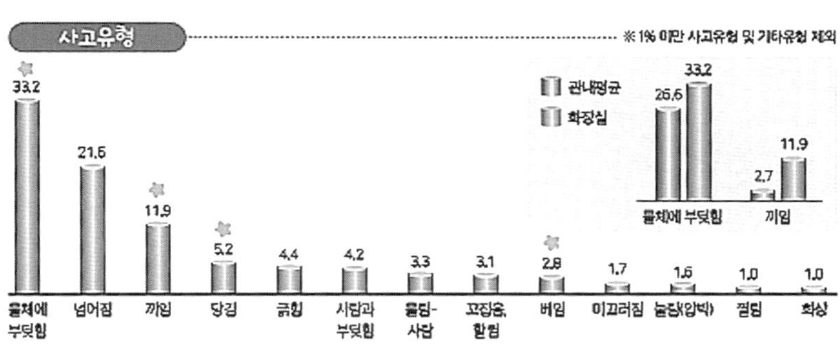

문제 7) 견학 장소 및 공원에서 가장 많이 발생하는 사고유형은 무엇입니까?

● 견학 장소 및 공원에서 발생하는 사고 유형 중 가장 많은 것은 넘어짐이 42.5%로 가장 많고 다음이 물체에 부딪힘 15.5%, 물림-벌레 등이 5.4%, 찔림이 5.2%, 긁힘이 4.5% 순으로 나타남

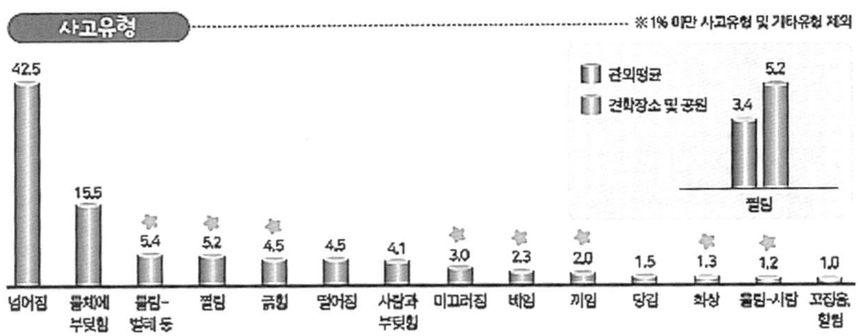

문제 8) 인근 놀이터 및 운동장에서 가장 많이 발생하는 사고유형은 무엇입니까?

● 인근 놀이터 및 운동장에서 발생하는 사고 유형 중 가장 많은 것은 넘어짐이 41.5%로 가장 많고 물체에 부딪힘 21.1%, 떨어짐 12.9%, 사람과 부딪힘이 6.5%, 긁힘이 3.9% 순으로 나타남

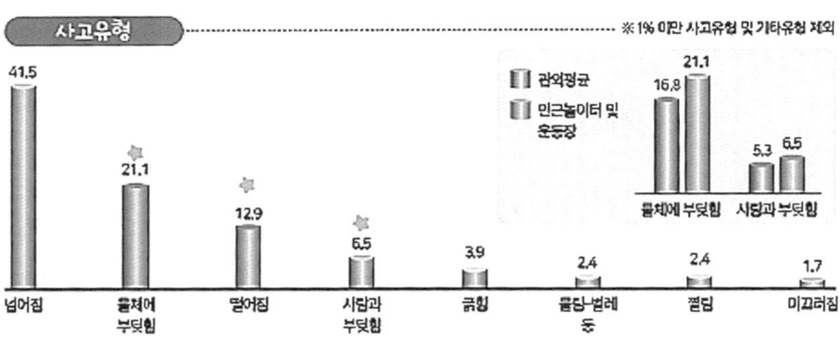

문제 9) 길(등·하원 및 이동 중)에서 가장 많이 발생하는 사고유형은 무엇입니까?

● 길(등·하원 및 이동 중)에서 발생하는 사고 유형 중 가장 많은 것은 넘어짐이 57.0%로 가장 많고 물체에 부딪힘 10.1%, 꼬집고 할퀴이 4.9%, 긁힘이 4.4%, 끼임이 2.8% 순으로 나타남

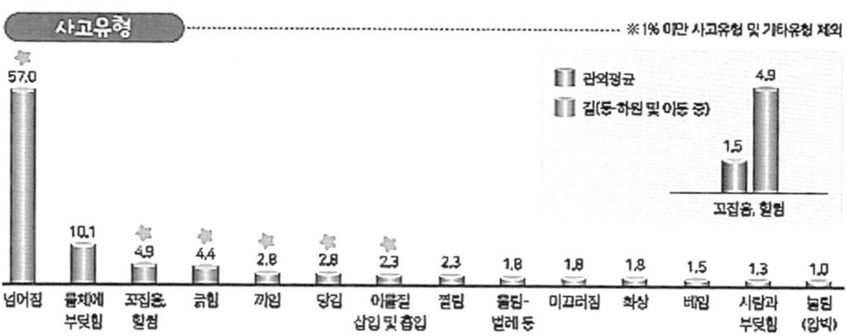

2) 코로나19 감염 대응

문제 1) 어린이집 내 감염 관리 체계는 어떻게 구성해야 하나요?

● 감염관리책임자를 지정하여 코로나19 예방 및 관리 책임성을 부여하고,
근무자 관리, 시설 환경관리, 상황 발생 시 즉시 대응체계를 유지해야함
재원아동, 보호자, 보육교직원 및 방문자 등 명단을 작성 및 보관
원장은 의심환자 등 발생 시 즉시 대응을 위한 유관기관과의 비상연락체계 구축
가까운 선별진료소 및 진료의뢰 방법을 미리 파악하여 유증상자 발생 시 지체없이 대응

문제 2) 코로나19 예방을 위하여 평상시 환경·위생 관리를 어떻게 하면 되나요?

● 어린이집 내 화장실 등에 개수대, 손 세척제(액체 비누, 알코올 70%이상 손소독제 등)와 휴지 등을 충분히 비치함

손 씻기 후에는 종이타월 등으로 깨끗이 닦도록 함
어린이집 내 휴지를 비치하며 기침 시 사용한 휴지를 바로 처리할 수 있도록 쓰레기통을 곳곳에 비치

- 어린이집 내 마스크, 체온계 등 감염예방을 위한 필수물품을 충분히 비치하고 주요 공간의 청소, 공기정화 및 주기적인 환기
- 어린이집 내 냉방기기 가동 시
  실내 공기가 재순환되고, 바람으로 인해 비말이 멀리 확산될 우려가 있으므로 환기, 풍량에 주의
  환기가 가능한 시설은 창문을 닫고 에어컨을 사용하되, 최소 2시간마다 1회 이상 환기 실시
  에어컨 바람이 몸에 직접 닿지 않도록 하고 바람세기를 낮춰서 사용

문제 3) 어린이집 원아의 마스크 사용 기준은 있나요?

- (보육교직원) 보육시간 내 아동 접촉 시, 보호자 포함 외부인 접촉 시 마스크 착용
  면 마스크, 덴탈마스크 등도 가능하나, 어린이집 내 유증상자 발생 시 반드시 보건용 마스크 착용
- (아동) 마스크 착용이 의무는 아님. 다만, 유아의 경우 노래·율동 등 집단 활동 및 차량 이용 시 마스크 착용 권고

※ 24개월 미만의 영아의 경우 마스크 착용이 오히려 건강에 지장을 줄 수 있다는 의견(질병관리본부)

문제 4) 평상시 어린이집 방역·소독 관리는 어떻게 하면 되나요?

- (기본) 어린이집은 매일 소독하되, 아동 및 보육교직원이 빈번히 접촉하는

물품 등은 수시 소독

소독 시 소독제 안전사용 수칙을 준수

소독대상 물품	소독 시기
교재교구, 손소독제 용기, 체온계, 공기청정기, 의자, 탁자 등	매일 업무종료 후
현관 · 보육실 · 화장실 손잡이, 계단 난간, 화장실 조명 스위치 등 자주 접촉하는 부분	수시

● (어린이집 내 감염병 환자 및 접촉자 발생 시) 어린이집 일시 폐쇄 또는 휴원 후 소독업체 또는 방역당국(보건소 등)에 의뢰하여 즉시 소독 실시

문제 5) 어린이집에 외부인 출입 관리는 어떻게 하나요?

● 보육교직원 외 외부인의 어린이집 출입을 자제하되,
불가피한 경우(예시:CCTV 고장수리, 정수기 및 공기청정기 필터 관리,
보육 실습, 적응 기간 동안 학부모 참관 등) 코로나 19 발생장소 방문 이력,
발열 확인, 호흡기 증상 등을 확인하여 기록

※ 발열 또는 호흡기 증상 시 출입 금지

※ 출입 시 마스크 착용 및 손위생 실시, 보육실 출입 및 아동 접촉 최소화

문제 6) 원아의 발열 체크 등 건강상태는 어떻게 확인하나요? 혹시 어린이집 발열 검사 실시 기준이 있나요?

● 등원 시 원장은 보육교직원·아동에 대해 건강상태 사전 체크 후 개인 위생 준수(마스크 착용, 손 씻기)하여 출입하도록 관리

● 재원아동 및 보육교직원 등에 대한 발열검사 실시(1일 2회 이상 발열, 호흡

기 증상 확인, 발열검사 실시 기준 참고) 및 기록 관리
통학차량 이용 아동은 탑승 전 발열검사 실시

문제 7) 에어컨이 코로나를 보다 많이 전파한다고 하는데요, 에어컨은 어떻게 관리하면되나요?

- 창문을 닫고 에어컨을 사용하되, 2시간마다 1회 이상 환기하며, 환기 시에는 가급적 자연환기 하며, 창문을 개방하여 맞통풍하기
- 자연환기가 아닌 기계환기를 하는 경우에 외부공기 도입량을 가능한 높게 설정하여 최대한 외부공기로 환기하며 기계환기를 하는 경우에도 자연환기가 가능하면 병행하기
- 에어컨 바람의 방향을 사람에게 직접 향하지 않게 하며 바람의 세기는 약하게 하며 에어컨과 선풍기를 같이 사용하는 것은 내부 공기 재순환을 유발할 수 있어 주의하기
- 에어컨 필터는 기기 매뉴얼에 따라 적절하게 유지관리 하며 에어컨 필터 청소 또는 교체 시에는 마스크, 장갑 등 기본적인 방호조치 하에 실시하고, 완료 후 손 씻기 등 위생수칙을 준수하기
- 환기가 불가능한 밀폐시설에서 에어컨을 사용할 때는 모든 이용자가 마스크를 착용하도록 관리를 강화하고, 시설 내외 소독을 자주(최소 1일 이상) 실시하며, 유증상자가 시설을 이용하지 않도록 사전안내, 출입관리를 강화하기

문제 8) 코로나19에 대응해 어린이집의 평상 시 감염예방 체크리스트가 있으면 알려주세요.

<table>
<tr><td colspan="5">확인일시 : 20 년 월 일 (요일) 시</td></tr>
<tr><td colspan="5">확 인 자 : 소속 이름 (서명)</td></tr>
<tr><td colspan="2" rowspan="2">체 크 리 스 트</td><td colspan="2">해당란에 ○표시</td><td rowspan="2">비고</td></tr>
<tr><td>예</td><td>아니오</td></tr>
<tr><td>협력체계(1)</td><td></td><td></td><td></td><td></td></tr>
<tr><td rowspan="2">비상연락체계(격리시설-관할 보건소-관할 시 · 군 · 구 및 시 · 도)</td><td>마련 및 현행화 하였는가</td><td></td><td></td><td></td></tr>
<tr><td>눈에 잘 띄는 곳에 비치되어 있는가</td><td></td><td></td><td></td></tr>
<tr><td colspan="2">인력 배치 및 관리(4)</td><td></td><td></td><td></td></tr>
<tr><td colspan="2">감염관리책임자가 지정되어 있는가</td><td></td><td></td><td></td></tr>
<tr><td colspan="2">모든 아동 및 보육교직원에 일일 건강체크를 시행하고 있는가(발열, 호흡기 증상 등)</td><td></td><td></td><td></td></tr>
<tr><td colspan="2">모든 아동 및 보육교직원 대상 감염병예반관리 교육을 수행하였는가</td><td></td><td></td><td></td></tr>
<tr><td colspan="2">격리실이 구비되어 있는가</td><td></td><td></td><td></td></tr>
<tr><td colspan="2">위생 및 방역 관리(4)</td><td></td><td></td><td></td></tr>
<tr><td colspan="2">어린이집은 자체 소독 지침에 따라 매일 소독하고 있는가</td><td></td><td></td><td></td></tr>
<tr><td colspan="2">어린이집은 수시로 환기를 하고 있는가</td><td></td><td></td><td></td></tr>
<tr><td colspan="2">손세척제와 휴지 등이 충분히 비치되어 있는가</td><td></td><td></td><td></td></tr>
<tr><td colspan="2">어린이집 내 마스크, 체온계 등 감염예방 필수물품이 충분히 비치되어 있는가</td><td></td><td></td><td></td></tr>
<tr><td colspan="2">기타 특이사항</td><td></td><td></td><td></td></tr>
<tr><td colspan="2">(자유기술)</td><td></td><td></td><td></td></tr>
</table>

3) 영유아 돌연사 예방법

문제) 매년 영유아가 100명 이상씩 아무런 이유 없이 수면 중에 목숨을 잃는다고 합니다. 이런 영유아 돌연사를 예방하기 위하여 어떻게 하면 되나요?

- 아기를 자울 때 등을 대는 자세로 재우기
- 아기를 자울 때 단단한 바닥에 눕히기
- 부모 옆 영아용 단독 침대 사용하기
- 아기를 재울 때 푹신하고 부드러운 것을 자는 근처에 두지 말기 (베개, 인형 등)
- 정기 산전 진찰을 받기
- 산전, 산후에 금연, 금주하기
- 모유수유하기
- 생후 1개월 이후부터 인공 젖꼭지를 권장
- 실내온도를 너무 덥지 않게 하기

4) 어린이 교통사고 예방

문제 1) 어린이통학버스 운전자와 인솔교사가 반드시 알아야 할 핵심사항을 알려주세요.

- 운전자의 철칙

  원아의 승·하차 방향은 인도로 하기

  원아가 차내에서 잠들 수 있으므로 반드시 눈으로 확인하기

  원아가 내려 바로 차량 앞, 뒤 보행, 차 뒤에서 놀 수 있으므로 반드시 눈으로 확인하기

- 인솔교사의 철칙

  가장 늦게 타고, 가장 먼저 내리기

안전띠 착용과 내릴 때 차내 잠들어 있는 원아 확인하기

차에서 내릴 때 오토바이 등 오는지 확인하기

문제 2) 원아가 부득이 차량에 혼자 남아 있는 상황이 발생한다면 어떻게 대처해야 하나요?

여기서 잠깐!

차량에 영유아가 혼자 남는다면?

- 크락션 또는 경적을 울리거나 비상경고등을 켜 차에 사람이 있음을 알리도록 지도합니다.

<출처> 어린이집안전공제회 - 이동안전체험관 체험교육 그림자료

문제 3) 어린이통학버스 사고 예방을 위하여 교사가 꼭 알고 실천해야 할 사항을 알려주세요.

● 출발전

반드시 인솔교사 동승 확인하기

차량 내 응급 구급상자, 차량용 소화기 확인하기

탑승 원아의 옷 상태 확인, 길게 늘어진 옷과 끈 달린 옷은 닫히는 문에 낄 수 있으므로 입지 않도록 안내하기

어린이용 안전띠 착용 안내하기

차례차례 안전하게 승차 안내하기

● 운행중

차내 장난치거나 이동하지 못하게 하고 내리기 전까지 안전띠 착용 확인하기

구토, 어지러움증 영유아의 건강 상태 수시 확인하기

통학차량을 처음 타는 신입 영유아, 장애가 있거나 주위가 산만한 영유아는 곁에 두고 보다 세심한 주의를 기울이기

● 도착시

안전띠 풀고 차례차례 내리도록 안내 후 인솔교사가 먼저 내리기

모든 어린이들에게 내릴 때 오토바이, 자전거가 뒤에서 올 수 있으므로 손잡이를 잡고 뒷쪽을 확인한 후 안전하게 하차하기

차에서 내린 어린이가 차량 앞, 뒤로 뛰어가지 못하도록 세심한 지도하기

아이를 보호자에게 직접 인계, 만일 보호자 미도착시 차내서 대기 후 인계하기

● 운행완료

차내 어린이가 잠들어 있는지, 두고 내리는 물건이 없는 지 최종 확인하기

문제 4) 보행 중 원아들에게 많이 발생하는 사고 유형에 대하여 알고 싶어요.

1위. 무단횡단 사고

2위. 횡단보도 횡단 사고

3위. 이면도로 보행 사고

4위. 주 · 정차된 차의 앞뒤 횡단 사고

5위. 차량 주변 놀다 사고

문제 5) 자동차 구조상 가장 위험한 자리와 가장 안전한 자리를 알려주세요.

- 자동차 구조상 가장 위험한 자리는 운전수 조수석으로 차량과 충돌 위험 시 운전자는 본능적으로 핸들을 왼쪽으로 꺾으므로 조수석 자리에 정면으로 충돌하여 사상 위험이 가장 높음
- 상대적으로 가장 안전한 자리는 운전석 뒷좌석으로 실제 승차 중 사고 사례 분석을 해보면 운전석 뒷좌석이 가장 안전한 것으로 나타남, 이 자리에 어린이 보호장구를 해주어야 함.

5) 가정과 연계된 교육 지도 방법

문제 1) 가정안전 사고 예방 수칙을 알려주세요.

문제 2) 가정안전 체크리스트를 알려주세요.

장소	점검항목	체크사항	점수	비고
욕실 (화장실)	미끄럼 방지매트	있다	5	
		없다	0	
	욕조에 물	있다	0	
		없다	5	
	헤어드라이기 등 전기제품	있다	0	
		없다	5	
	손이 닿는 곳에 유독성 세제	있다	0	
		없다	5	
거실	컨센트 보호덮개	있다	7	
		없다	0	
	선풍기의 보호망	있다	6	
		없다	0	〈우리집 안전상태〉 - 90점 이상 매우안전 - 80~89점 안전한편 - 70~79점 보통임 - 60~69점 위험한편 - 59점이하 매우위험함
	블라인드 줄 담을 안전함	있다	7	
		없다	0	
베란다	의자 등 밟고 올라갈 의자	있다	0	
		없다	10	
	안전 방충망의 견고성	있다	10	
		없다	0	
안방 (어린이방)	창문 밑 침대	있다	0	
		없다	7	
	방문에 손끼임 방지패드	있다	7	
		없다	0	
	방, 거실사이 턱	있다	0	
		없다	7	
주방	소화기	있다	10	
		없다	0	
	가스 누출 시 환기방법	안다	10	
		모른다	0	

5. 놀이·게임 중심의 교육 Kit 개발 사례

가. 개발목적

- 어린이집 및 아동복지시설 등 에서 놀이형, 흥미형 체험교육을 실시할 체험 게임을 상기 교육기관에서 효율적인 체험교육을 실시할 교구로 활용한다.

나. 체험게임의 종류

○ 보행자 면허증 취득 게임

○ 안전 역할극

○ 전기가스 안전체험 게임

○ 할리갈리 안전게임

○ 불이야 불이야!!

○ 응급조치 윷놀이

○ 지진계 조립법

○ 안전 주사위 놀이

○ 안전 퀴즈왕 선발 대회

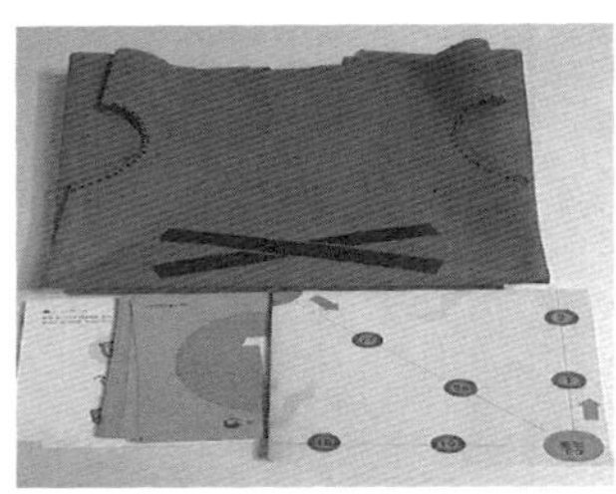

다. 체험게임 활용방법

교 구 명	내 용
안전카드 게임 (응급처치 관련 퀴즈)	[게임 개요] 응급처치와 관련된 교육내용이 담긴 카드 20장으로 진행하는 게임 [게임 방법] 20장의 카드를 섞어 가운데 놓고 가위바위보로 순서를 정한 후 뒤집어서 해당 카드 정답을 '맞다 / 틀리다' 로 맞추는 게임 [카드 편집 : 100 x 145 사이즈 20장] 1. 카드 상단 오른쪽에 동그라미를 넣고 그 안에 번호 1번부터 20번까지 넣어주기 2. 카드 중앙에 그림 넣어주고 카드 아래쪽에 퀴즈 문제 넣어주기 [놀이 방법 설명서 편집 : 100 x 145 사이즈 1장] [정답지 편집 : 100 x 145 사이즈 1장] [포장 : 1세트에 카드 20장, 놀이방법 설명서 1장, 정답지 1장을 비닐 포장]
할리갈리 안전게임 (재난 안전 관련 퀴즈)	[게임 개요] 재난 안전과 관련된 교육내용이 담긴 카드 20장으로 진행하는 게임 [게임 방법] 교사가 20장의 카드를 섞어서 손에 들고 퀴즈 문제를 내면 문제 정답을 아는 사람이 종을 먼저 치고 '맞다 / 틀리다' 로 정답을 맞추는 게임 [카드 편집 : 100 x 145 사이즈 20장] 1. 카드 상단 오른쪽에 '안전한 상황 그림' 에는 초록색 동그라미 넣어주시고, '위험한 상황 그림' 에는 붉은 색 동그라미 안에 붉은 색 X 표시를 넣어서 편집 2. 카드 상단 왼쪽에 동그라미를 넣고 그 안에 번호 1번부터 20번까지 넣어주기 3. 카드 중앙에 그림 넣어주고 카드 아래쪽에 퀴즈 문제와 정답 넣어주기 [놀이 방법 설명서 편집 : 100 x 145 사이즈 1장] [포장 : 1세트에 카드 20장, 종 1개, 놀이 방법 설명서 1장을 비닐 포장]

안전메모리 게임 (질병 관련 퀴즈)	[게임 개요] 질병과 관련된 교육내용이 담긴 카드 24장으로 진행하는 게임 [게임 방법] 동일한 그림 카드 두 세트(한 세트 12장)를 섞어서 게임 보드(게임 보드에 24칸 쳐 있음) 위에 놓고 뒤집어서 같은 그림 두 장이 나오면 가져가는 게임 [카드 편집 : 63 x 95 사이즈 12장: 총 24장] – 동일한 카드 2세트 제작 1. 카드 위쪽에는 그림을 넣고 아래쪽에는 작은 글씨로 정보 넣기 [게임 보드 편집 : 400 x 400 사이즈 1장] 1. 카드 24장이 들어갈 정도의 사이즈에 24개의 칸이 쳐 있는 게임판 2. 게임 보드 아래쪽에 놀이 방법 설명서 넣어서 편집 [포장 : 1세트에 카드 24장, 게임 보드 1장을 비닐 포장]
안전 윷놀이 (약물 오남용 관련 퀴즈)	[게임 개요] 약물 오남용과 관련된 교육내용이 담긴 카드 12장의 퀴즈 문제 풀이를 하면서 진행하는 윷놀이 [게임 방법] 기존 윷놀이와 동일하게 진행하다 말판에 ‘퀴즈’ 라고 쓰인 자리에 도달하면 교사나 상대편이나 교사가 카드 위의 퀴즈 문제를 내고 맞히면 그 자리에 말을 놓고 틀리면 이전 자리에 말을 놓으면서 진행하는 윷놀이 게임 [윷놀이 판: 400 x 400 사이즈 1장] 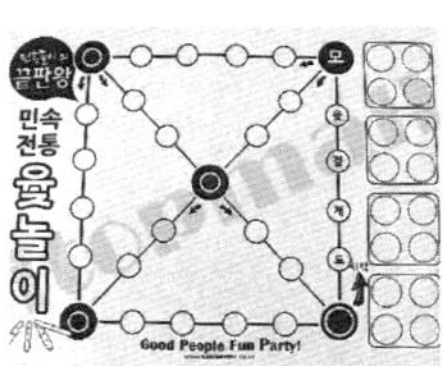 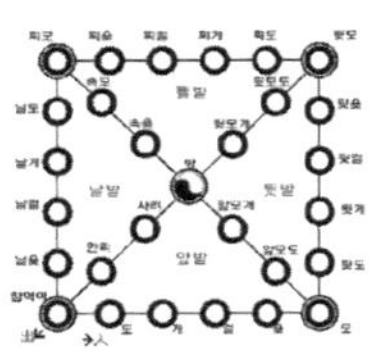 1. 기존 윷놀이처럼 사각으로 말이 움직이도록 편집 2. 오른쪽에 두 팀의 말을 놓을 수 있도록 동그라미 4개 들어 있는 사각형 2개 넣어 편집 3. 윷놀이 판에서 아래와 같은 자리에는 ‘퀴즈’ 라는 글씨 편집해서 넣어주기 위의 윷놀이 판에서 걸, 모, 뒷걸, 뒷모, 찌개, 찌모, 날윷, 속윷, 방, 뒷모개, 앞모도라고 쓰인 동그라미 안에 ‘퀴즈’ 글자 넣어 주세요. [카드 편집 : 63 x 95 사이즈 12장] 1. 카드 위쪽에는 퀴즈 질문을 넣어주고 카드중앙에 그림을 넣어서 편집 2. 카드 아래쪽에는 정답 넣어서 편집 [포장 : 1세트에 윷놀이 판, 카드 12장, 윷 1개, 말 8개 비닐 포장]

<table>
<tr>
<td>안전 주사위 놀이
(실종—유괴
성폭력
아동학대
관련
퀴즈)</td>
<td>[게임 개요]
실종과 유괴, 성폭력 및 아동학대와 관련된 교육내용이 담긴 뱀주사위 놀이 형태의 게임
[게임 방법]
주사위를 던져 나온 수만큼 말을 이동해서 100번째 칸에 먼저 도착하는 팀이 이기는 게임
[게임 보드 편집 : 750 x 530 1장]
1. 각 그림에 해당하는 번호에 문제와 답을 작은 글씨로 넣어서 편집
2. 올라가는 표시는 사다리(?)로 하고 내려오는 표시는 뱀(?)으로 편집
. 놀이 방법 설명을 게임 보드에 위쪽에 넣어서 편집
[포장 : 1세트에 게임 보드 1장, 주사위 1개, 말 또는 피규어 4개를 비닐 포장]
</td>
</tr>
<tr>
<td>보행자
면허증
취득 게임
(교통안전
관련퀴즈)</td>
<td>[게임 개요]
교통 안전과 관련된 교육내용이 담긴 길찾기 형태의 게임
[게임 방법]
집에서 출발하여 어린이집에 도착할 때까지 만날 수 있는 교통 상황에서 길을 선택하여 1번부터 10번까지 피규어를 가지고 진행하면서 유아가 직접 시연을 하는 게임으로 70점 이상의 점수를 받으면 보행자 면허증을 취득하게 되는 게임
[활동판 편집 : 750 x 530 1장]
1. 각 그림에 해당하는 번호에 문제를 작은 글씨로 넣어서 편집
2. 각 그림에서 갈래길을 따라가다가 다음 번호 앞에서 만나서 하나의 길을 만들어 다음 번호까지 길따라 가기 형식
3. 활동판 아래 쪽에 놀이 방법 설명 넣어서 편집
[보행자 면허증 편집: 63 x 95 사이즈 1장 / 총 30장]
1. 운전 면허증 같은 형식
[점수 기록판 편집: 100 x 145 사이즈 1장 / 총 30장]
1. 일반적인 표 그림 형식
[포장 : 1세트에 활동판 1장, 피규어 3개, 면허증 30장, 점수기록판 30장을 비닐 포장]</td>
</tr>
</table>

<table>
<tr><td>골든벨
안전
퀴즈왕
(안전 교구 관련 퀴즈 종합 문제)</td><td>[게임 개요]
안전교육(안전카드 게임, 할리갈리 안전게임, 안전메모리 게임, 안전 윷놀이, 안전 주사위 놀이, 보행자 면허증 취득 게임) 교구 게임에서 나왔었던 문제들을 종합하여 골든벨 형식으로 퀴즈 풀이를 하여 골든벨 안전 퀴즈왕을 뽑는 게임
[게임 방법]
교사가 그림카드를 보면서 질문하면 유아들이 정답을 맞추고 틀린 경우에는 게임에서 제외된다. 50번째 최종 퀴즈까지 문제 풀이를 맞춘 유아가 골든벨 안전 퀴즈왕이 되어 상장을 받는다.
[그림 카드 편집 : 145 x 205 사이즈에 편집, 50장]
1. 각각의 게임에서 사용하였던 그림을 가져와서 A5 사이즈로 재편집
2. 각 그림 카드에 질문과 정답이 함께 들어 있음
[상장 편집 : 210 x 297 사이즈 1장 / 총 30장]
1. 기존 상장과 같은 형식
[놀이 방법 설명서: 145 x 205 1장]
[포장 : 1세트에 그림 카드 50장, 상장 30장, 놀이 방법 설명서 1장, 골든벨(종)을 비닐 포장]</td></tr>
</table>

부록. 아동복지법상 어린이 안전 퀴즈 문제

가. 응급처치 방법 퀴즈

- 응급환자 발견 시 119 또는 112에 신고한다. (O)
- 심폐소생술을 할 경우 인공호흡보다 심장 압박을 먼저 실시한다. (O)
- 심장 압박과 인공호흡 횟수는 15:2이다. (X)
- 심장은 가슴 한 가운데 약간 우측에 있다. (X)
- 심장 압박은 1분에 100~120회를 실시한다. (O)
- 심폐소생술은 4분내 실시하며 비교적 두뇌 손상 가능성이 적다. (O)
- 성인 하임리히법은 음식물이 목에 걸려 있는 환자 뒤에서 팔로 환자의 허리를 감싸고 한손으로 주먹을 쥐고 주먹의 엄지손가락 부분을 배꼽에 놓고 복부를 밀어 올리는 방법이다. (X)
- 영아 하임리히법은 영아 다리 사이에 처치자의 팔을 넣은 후 손바닥으로 영아의 머리를 받쳐 들어 올린 후 영아의 몸을 뒤집어 처치자의 허벅지에 올려놓는다. 그 후 손꿈치로 영아의 어깨 꾹지 중앙을 강하게 5회 두드린다. (O)
- 코피가 나면 고개를 뒤로 젖힌다. (X)
- 인공호흡을 할 경우 코를 막지 않아도 되며 고개를 뒤로 젖히면 숨길이 열린다. (X)
- 벌레에 물렸을 경우 가려움을 시원하게 하기 위해 긁는다. (X)
- 화상을 입었을 때 가장 먼저 차가운 물로 식힌다. (O)
- 뱀에 물린 부위는 심장보다 낮게 한다. (O)
- 다쳐서 피가 나는 경우 다친 부위를 심장보다 낮게 한다. (X)
- 귀에 벌레가 들어간 경우 밝은 빛의 손전등을 비춰서 벌레가 불빛을 보고 밖으로 나오도록 한다. (O)
- 심한 화상을 당한 경우 열을 식혀주기 위하여 옷을 빠르게 벗긴다. (X)

- 화상을 입어 물집이 생긴 경우 빨리 터뜨린 후 연고를 발라준다. (X)
- 영유아가 독성이 있는 경우 물질을 삼켰을 경우 입주위에 화상을 입은 자국이 나타난다. (O)
- 유독물질을 마셨을 경우 물이나 우유를 먹어 함께 토하도록 해준다. (X)
- 벌에 쏘였을 경우 얼음을 대주면 붓기가 가라앉으며 벌침이 박힌 자리를 손톱이나 핀셋으로 빨리 제거해야 한다. (O)

나. 약물 오남용

- 담배의 가장 해로운 성분은 니코틴으로 마약처럼 습관성 중독을 일으킨다. (O)
- 어린이, 청소년기 흡연을 하면 성장발육의 저하뿐만 아니라 일산화탄소 부족으로 기억력이 감퇴된다. (O)
- 동생이 먹던 약을 증상이 비슷하면 같이 나누어 먹는다. (X)
- 통계상 음주 시작연령은 중학교 2학년이 가장 높다. (X)
- 술은 청소년기에 분비되는 성장 호르몬을 억제하여 성장장애를 초래하여 왜소한 체격을 가지도록 한다. (O)
- 인터넷 또는 핸드폰 게임에 중독되면 이런 게임을 하지 않을 경우 초조, 불안 해지는 금단현상이 나타난다. (O)
- 흡입제의 종류로는 술, 본드, 신나, 부탄가스 등이 있다. (X)
- 흡입제를 계속 흡입하는 경우 뇌조직 손상, 콩팥기능, 골수 조직이 손상되고 마약사범으로 전락할 수 있다. (O)
- 카페인의 부작용은 하루 섭취량 500mg이 넘으면 발생한다. (X)
  ↳ 1,000mg이 넘으면 발생한다.

- 다음 중 카페인의 부작용이 아닌 것은? (④)

① 사고와 언어의 혼동 ② 부정맥 ③ 격정, 흥분 ④ 근육량 증가

ㄴ 근육 연축되는 현상이 발생한다.

- 코카인의 위험성이 아닌 것은? (④)

① 뇌성발작 ② 뇌졸중 ③ 호흡정지 ④ 설사

ㄴ 설사는 아편류의 위험성에 해당한다.

- 카페인이 포함되어 있지 않은 것은? (④)

① 녹차 ② 에너지 음료 ③ 초콜릿 ④ 과일

ㄴ 과일에는 카페인이 포함되지 않는다.

- 약을 처음으로 복용할 때 용법, 용량, 주의사항 등 의문이 나는 사항을 반드시 의사나 약사에게 물어본다(O)
- 항생제의 경우 반드시 냉장고에 보관해야 한다.(O)

다. 재난안전

- 호우경보는 12시간 동안 80㎜ 이상 비가 올 때 내려진다. (X)

  ㄴ 12시간 동안 150㎜ 이상 비가 올 때 내려진다.
- 흐르는 물에서는 약 15㎝ 깊이의 물에도 휩쓸려 갈 수 있다. (O)
- ‘태풍의 눈’에서 바람이 가장 강하다. (X)

  ㄴ ‘태풍의 눈’은 바람이 약한 구역이다.
- 천둥 · 번개가 칠 경우 건물 안이나 높은 곳으로 대피한다. (X)

  ㄴ 건물 안이나 낮은 곳으로 대피한다.

- 지진이 발생하는 장소의 지진 강도를 나타내는 것은 진도이다. (O)
- 지진이 발생했을 때 신속하게 집 밖으로 대피한다. (X)
  ↳ 먼저 집 밖이 안전한 지 확인한다.
- 지진으로 정전됐을 경우 성냥이나 촛불, 라이터를 사용한다. (X)
  ↳ 사용해서는 안 된다(가스 누출). 손전등을 사용해야 한다.
- 지진이 났을 때 담장이나 대문기둥에 몸을 보호한다. (X)
  ↳ 담장이나 대문기둥은 무너지기 쉽다.
- 지진이 나서 대피할 때 엘리베이터를 이용한다. (X)
  ↳ 대피 시 절대로 엘리베이터를 타지 말아야 한다.
- 지진이 났을 때 집안에서 몸을 보호할 탁자가 없을 때는 방석으로 머리를 보호한다. (O)
- 지진이 났을 때 빌딩 안의 계단이나 화장실 부근은 비교적 안전하다. (O)
- 지진 발생시 3대 행동원칙은 '몸의 안전을 확보한다, 탈출구를 확보한다. 사용하던 불을 끈다' 이다. (O)
- 지진 시 번화가나 빌딩가에서 가장 위험한 것이 유리창이나 간판 등의 낙하물이다. (O)
- 화재의 원인 중 가장 많이 발생하는 것은 가스로 인한 화재이다. (X)
  ↳ 전기
- 가정에서 사용하는 LNG에서는 아무런 냄새가 나지 않아 가스가 새는 것을 알기가 어렵다. (X)
  ↳ 냄새가 난다.
- 집에서 가스가 새면 창문을 열고 부채, 방석 등 절연 물질을 가지고 바닥을 쓸어 환기한다. (X)
  ↳ 천장을 쓸어 환기한다.

- 식당에서 가스가 새면 창문을 열고 부채, 방석 등 절연물질을 가지고 바닥을 쓸어 환기한다. (O)
- 1년 사계절 중 산불이 가장 많이 나는 계절은 겨울철이다. (X)
  ↳ 봄
- 아파트에서 불이나면 재빨리 엘리베이터를 타고 대피하여야 한다. (X)
  ↳ 정전 때문에 계단을 통하여 대피
- 세계 어느 나라에서나 화재, 구조 구급 전화번호는 119 번이다. (X)
  ↳ 미국 911, 영국 999 등
- 지하철 계단이나 통행로에서 좌측보행을 한다. (X)
  ↳ 우측보행을 한다.
- 알루미늄 풍선이나 낚싯대 등은 역사 내 고압선에 닿지 않도록 주의해야 한다. (O)
- 부득이하게 선로 위에 떨어졌을 때 승강장 밑, 벽면 여유 공간에 엎드려야 한다. (O)
- 동물과 함께 승차할 수 있다. (X)
  ↳ 동물과 함께 승차할 수 없다.
- 역사 내 화재발생 시 직원에게만 알리면 119신고는 필요 없다. (X)
  ↳ 119에 신고가 필요하다.

라. 질병안전 퀴즈문제

- 손 씻기만 잘해도 감염의 70% 예방이 가능하다. (O)
  ↳ 손 씻기만 잘해도 손에 있는 세균들이 없어져 감염의 70%를 예방합니다.
- 약을 먹을 때 물이 없으면 우유와 같이 먹어도 된다. (X)

ㄴ, 유지방성분이 들어있는 우유와 함께 칼슘성분의 약물을 먹게 된다면 화합물을 형성할 가능성이 있으므로 가능한 약은 물로 복용하는 것이 좋습니다.

- 약을 먹을 때 물이 없으면 주스와 같이 먹어도 된다. (X)
  ㄴ, 산성성분인 과일주스는 약물의 분해를 촉진시킬 수 있습니다
- 중독사고의 80%가 6세 이하이고 3세미만 유아의 중독사고는 살충제, 표백제를 먹는 사고가 가장 많다. (X)
  ㄴ, 사고가 많이 나는 요인은 약품 때문입니다.
- 어린이가 아스피린은 꾸준히 복용 시 뇌, 간이 손상되어 뇌기능이 저하될 수 있다. (O)
  ㄴ, 아스피린을 복용한다면 지속적으로 복용해야 하기 때문에 무분별한 사용을 하게 된다면 뇌기능을 저하시키는 일이 생겨날 수 있습니다.
- 응급 의료 사이트는 e-gen.or.kr이다. (O)
- 세균성 식중독의 대부분은 살모넬라균에 오염된 음식물을 섭취해서 발생한다. (O)
- 식중독 시 물은 가급적 먹지 말아야 한다. (X)
  ㄴ, 식중독 시에 체내에 있는 수분이 상당히 많이 빠져나가기 때문에 충분히 수분을 보충해야 한다.
- 손에는 손톱 밑 손가락 사이가 세균이 가장 많다. (O)
- 2012년 사우디에서 시작된 중동 호흡기 증후군으로 호흡곤란 구토 설사 등을 유발하는 이 병의 이름은 메르스이다. (O)
- 밤늦게 또는 주말에 어린이가 아프면 달빛 어린이 병원을 가면 소아가 전문의의 진료를 받을 수 있다. (O)
- 음식을 먹기 전 제일 먼저 할 일은 유통기한을 확인하고 손을 씻는

것이다. (O)

- 감염에 의한 열성 질환 피부 발진을 보이며 전신성 출혈을 일으키는 병은 에볼라이다. (O)
- 바이러스가 변이를 일으킨 호흡기 질환으로 콧물, 코막힘, 기침, 발열, 인후통을 동반하는 질병은 신종플루이다. (O)
- 발열 · 무력감과 두통 그리고 38도 이상의 고열을 동반한 질병을 사스라고 한다. (O)

마. 성폭력 및 아동학대

- 아동성폭력의 개념에 해당되지 않는 것은?

① 원하지 않는 성관계 혹은 성접촉

② 성적인 농담 등 수치심을 안기는 행위

③ 친근함을 나타내는 대화 및 가벼운 신체 접촉

└→ 정답 : 3번(아동성폭력이란 상대방이 원하지 않는데 자신의 성적인 즐거움을 위해 강제로 하는 성적인 행위를 모두 일컫습니다. 행동으로 하지 않더라도 신체부위나 성행위에 대한 말로 기분 나쁜 농담을 하거나 놀리는 것도 성폭력입니다.)

- 성폭력에 대한 잘못된 통념은?

① 성폭력으로 인한 고통스러운 기억은 평생 동안 따라다닌다.

② 힘이 약한 여성만이 성폭력의 객체가 될 수 있다.

③ 성폭력은 여성의 태도와는 관계가 없다.

④ 성폭력은 모르는 사람에 의해서 행해지는 경우가 많다.

└→ 정답 : 2번(성폭력은 나이, 외모, 성별, 장소, 직업 등과 상관없이

나타날 수 있으며 남성에 대한 성폭력 역시 처벌의 대상이 될 수 있다.)

• 아동학대의 유형 중 가장 빈번하게 나타나는 사례는?

① 신체학대

② 정서학대

③ 성적학대

④ 방임

└→ 정답 : 2번(2014년 기준으로 아동학대 사례유형 중 정서학대가 40%, 신체학대가 37%, 방임이 20%, 성학대가 3%로 나타났다.)

• 아동학대 가해자의 80% 이상을 차지하는 이 집단은?

① 친부모

② 양부모

③ 친인척

④ 교직원

└→ 정답 : 1번(2014년 기준으로 아동학대행위자 중 82%는 친부모였던 것으로 나타났다.)

• 아동성폭력이 발생하는 원인은?

① 피해자의 몸가짐

② 가해자의 잘못된 성의식

③ 부모의 부주의

④ 지도교사의 방임

└→ 정답 : 2번(아동성폭력은 가해자가 성적 만족을 취하기 위해

발달단계가 늦은 사람에게 폭력을 행사함으로써 일어나는 범죄 행위이다.)

• 아동성폭력 발생시 보호자의 대처로서 올바른 것은?

① 피해아동을 야단치지 않는다.

② 피해자에 대한 감정이 어떻다는 것을 표현한다.

③ 사건의 증거가 될 수 있는 물품들을 폐기한다.

④ 피해자의 진술을 요구한다.

ㄴ 정답 : 1번(아동이 성폭력이 자신 때문에 일어났다는 잘못된 생각을 가지게 됨으로써 부모에게 알린 후 더 많은 죄책감과 우울감을 경험할 수 있다.)

• 어린이가 성폭력을 예방할 수 있도록 하는 행동으로서 옳지 않은 것은?

① 어린이가 혼자서 낯선 어른을 따라가지 않도록 한다.

② 보호자 없이 혼자서도 집을 찾아올 수 있도록 한다.

③ 적극적으로 거부의사표시를 해서 위험한 상황을 벗어나도록 한다.

④ 자신의 몸에 대해 소중하게 여기는 마음을 갖도록 한다.

ㄴ 정답 : 2번(어린이가 보호자 없이 혼자 남겨질 경우 모르는 어른을 따라가거나 성폭력의 표적이 될 가능성이 높다.)

• 성폭력사건의 피해자를 대하는 태도로서 옳지 않은 것은?

① 너 때문에 일어난 일이 아니란다.

② 그 상황에서는 어떻게 할 수 없었겠구나.

③ 아무나 따라가지 말라고 말했잖니?

④ 아프고 화나는 것은 당연하단다.

↳ 정답 : 3번(가능한 "네 잘못이 아니야"라고 다독이고 안심시켜주세요.)

- 해바라기아동센터에 대한 설명으로 옳지 않은 것은?

① 아동 성범죄 피해아동을 위한 성폭력 피해아동 전담센터이다.

② 여성가족부에 의해 '04년부터 전국 광역자치단체에 순차적으로 설립되었다.

③ 서울해바라기아동센터 및 전국에서 02-3274-1475로 연락할 수 있다.

④ 경찰청 산하 원스톱지원센터와 통합 확장하여 해바라기 여성아동센터로의 개편을 준비하고 있다.

↳ 정답 : 3번(해바라기아동센터는 서울 · 인천 · 부산 · 대구 · 광주 외에도 성남 · 충주 · 전주 · 춘천 · 진주 등에서 도 지역을 총괄하여 각자 신고접수를 받고있다.)

- 신체학대의 징후로 가장 일반적인 것은?

① 부모에 대한 두려움

② 행동장애

③ 혼자 있기를 거부함

④ 설명할 수 없는 상처나 구타 자국

↳ 정답 : 4번(아동의 신체에 상해가 남아 있을 경우 구타로 인한 것일 가능성이 높다.)

- 정서학대에 해당되는 행위는?

① 아동이 보는 앞에서 부부싸움을 하거나 배우자를 폭행하는 행위
② 아동 앞에서 옷을 벗으며 자신의 성기를 만짐
③ 아동을 장시간 위험하고 불결한 주거환경에 그대로 배치함
④ 출생 후 호적에 올리지 않음

└, 정답 : 1번(정서학대란 아동에게 행하는 언어적 모욕, 정서적 위협, 감금이나 억제, 기타 가학적인 행위를 뜻한다.)

- 반복적으로 아동양육 및 보호를 소홀히 함으로써 아동의 정상적인 발달을 저해하는 행위를 무엇이라고 하는가?

① 유기
② 배임
③ 방임
④ 홀대

└, 정답 : 3번(신체적 · 정서적 · 성적 학대 외에도 아동을 양육할 책임을 지지않고 학교에 보내지 않거나 의료적 처치를 소홀히 하는 방임행위도 아동학대에 포함된다.)

- 어른이 친절하게 대하면서 외진 곳으로 따라가자고 할 때 대처법으로 옳지 않은 것은?

① 때리거나 할퀴는 등 저항하면서 그곳으로부터 벗어나려고 노력한다.
② '싫어요', '안돼요' 등 의사표시를 분명히 하고 도망친다.
③ 주위의 어른에게 위급한 상황을 알리고 도움을 청한다.

└, 정답 : 1번(아동이 위협에 대해 저항할 경우 더욱 큰 상해를 입을

가능성이 높다.)

- 아동학대에 대한 신고의무가 있는 직업이 아닌 사람은?

① 소방구급대원
② 공동주택 관리인
③ 장애인복지시설 종사자
④ 아동복지전담공무원

ㄴ 정답 : 2번(교원, 의료인, 소방구급대원, 보육시설 · 아동복지시설 · 장애인 복지시설 종사자 등의 신고의무자가 직무상 아동학대를 알게 된 때에는 즉시 아동보호전문기관 또는 수사기관에 신고하여야 한다.)

- 부모가 아동을 학대하는 징후로 나타나는 행동인 것은?

① 자신의 아동을 아끼고 사랑하며 자신감을 세워 주는 경우
② 스스로 행동할 수 있도록 자립심을 키워줄 것을 요구하는 경우
③ 부모가 술을 자주 먹는 것처럼 보이는 경우
④ 아동의 친구에게 관심을 보이는 경우

ㄴ 정답 : 3번(이 밖에도 부모가 자신의 아동을 비난하거나 낮추어 보는 경우, 다른 형제나 자매에 비해 매우 비판적으로 보는 경우, 아동에 대해 무관심한 것처럼 보이는 경우 학대 가능성을 파악해야 할 필요가 있다)

- 아동양육시설 종사자의 의무로서 옳지 않은 것은?

① 시설 내에서 아동학대 및 아동간의 학대가 발생할 경우 내부규정과 체계로서 마무리할 수 있어야 한다.

② 피해아동의 보호자가 찾아와서 가정으로 인도 요구 시 적극적으로 협조하도록 한다.
③ 피해아동에 대한 의학적 진단 및 치료를 할 수 있는 능력이 요구된다.
④ 아동 체벌 및 성추행을 엄격히 금지하는 규정과 체계를 만들고 성추행이나 성폭력 예방을 위한 성교육을 실시해야 한다.
↳ 정답 : 1번(아동관련 시설종사자는 시설 내에서 종사자에 의한 아동학대 및 아동간의 학대가 발생했을 경우 내부수준에서 마무리해서는 안되며, 아동보호전문기관 등에 신고해야 한다.)

- 동료교사가 학생들을 성추행한 사실을 알고도 신고를 하지 않았을 경우 옳은 것은?

① 간단한 조사를 마치고 사유서를 쓴다.
② 신고의무를 위반하였으므로 정직 및 해임된다.
③ 500만원 이하의 과태료가 부과된다.
④ 정상이 참작되어 무죄로 방면된다.
↳ 정답 : 3번(아동복지법 제75조 제2항에 의거해 초등학교 교사의 성추행 사건을 묵인한 교장과 교감, 보건교사 3명에게 각각 과태료 200만원을 브과한 사례가 있다.)

- 의료시설을 통해서 아동학대 사실을 알게 됐을 경우 의료인의 역할이 아닌 것은?

① 양육과정에서 있을 수 있는 일이므로 간단히 경고한다.
② 정확하고 철저한 의학적 평가기록을 남긴다.

③ 학대받은 아동이 더 심한 손상을 입지 않도록 빠른 조치를 취한다.
④ 학대 및 방임으로 인한 손상이나 후유증에 대한 치료를 담당한다.
ㄴ 정답 : 1번(의료인은 병 · 의원을 통해서 학대아동을 조기에 발견할 수 있기 때문에 빠른 조치를 취하고 학대의 증거를 기록으로 남겨야 한다.)

- 학대피해아동 발견 시 초기 면담방법으로 옳지 않은 것은?

① 가능한 깨끗한 옷을 입히고 상처를 빨리 치료한다.
② 아동이 안전한 느낌을 가질 수 있도록 환경을 조성한다.
③ 자신의 잘못으로 피해를 입은 것이 아님을 알게 한다.
④ 아동들이 주어진 상황을 정확히 파악하지 못하고 불리한 진술을 할 수 있다는 것을 이해한다.
ㄴ 정답 : 1번(가능한 많은 증거를 남기기 위해 신체적 외상이 있는 경우 사진을 찍어야 한다.)

- 학대로 의심되는 아동의 신고방법으로 옳지 않은 것은?

① 아동보호전문기관 또는 국번 없이 112에 신고한다.
② 피해아동의 이름, 나이, 성별, 전화번호, 현거주지, 현재 다니는 교육기관을 알린다.
③아동의 울음소리, 비명, 신음소리가 계속되는지 주시한다.
④가능하면 학대행위자와 같이 있을 때 신고한다.
ㄴ 정답 : 4번(아동학대를 발견하면 아동과 가해자를 격리하는 것이 필요하다.)

바. 실종 · 유괴 예방법

- 유괴범이 가장 많이 사용하는 유형은 칭찬, 호기심 유발형이다. (O)
- 실종아동 발견시 가장 먼저 120으로 신고한다. (X)
- 실종예방 3단계는 멈추기, 생각하기, 도움청하기 이다. (O)
- 부모님을 잃어버렸을 때 즉시 부모님과 마지막으로 헤어진 지점을 찾아간다. (X)
- 어린이들의 유괴 예방에 크게 기여한 기법이 코드 아담이다. (X)
- 코드 아담은 아이가 잃어버린 현장을 중심으로 모든 문을 즉시 봉쇄하고 30분간 집중적으로 수색하는 미아 찾기 프로그램이다. (X)
- 현재 우리나라에서 코드 아담 제도를 실시하고 있다. (O)
- 낯선 사람이 유괴하려고 할 때 "안돼요, 싫어요, 도와주세요" 라고 크게 외친다. (O)
- 미국의 한 범죄 심리학자의 조사에 따르면 부모님의 동의를 받아 어린이를 유괴하는 실험을 했는데 1명을 유괴하는데 걸리는 시간은 45초밖에 걸리지 않았다고 한다. (O)
- 놀이공원에 놀러갈 경우 실종에 대비하여 겉옷에 명찰을 붙이고 이름과 전화번호를 명기해야 한다. (X)

- 미아가 된 아동이 가장 먼저 해야 할 일은? (④)

① 경찰관을 찾아다니기
② 가장 가까이에 있는 아주머니에게 도움을 구하기
③ 큰소리로 엉엉 울기
④ 그 자리에서 기다리기

- 길을 잃거나 부모님을 잃어버린 아이는 발생지역에서 얼마만큼 멀어질 수 있을까? (④)

① 100미터 이내

② 1킬로미터 이내

③ 도시경계선 이내

④ 전국으로 갈 수 있음

- 자녀와 함께 외출 시 주의할 점 중 틀린 것은 무엇일까요? (②)

① 공중화장실을 이용할 때는 꼭 함께 가기

② 눈에 잘 보이는 곳에 아이의 이름과 전화번호를 기입하기

③ 자녀의 착의사항을 미리 기억해 두기

④ 차안, 매장, 놀이방에 아이를 혼자 두지 않기

- 아이들이 밖에 놀러 나갈 때 어떻게 해야 할까요? (①)

① 부모님 혹은 집에 계신 어른들에게 목적지를 밝힌다.

② 나가서 놀고 들어온 다음에 말해도 괜찮다.

③ 종이에 적어놓고 나간다.

- 어린이집이나 유치원에 갈 때는 어떻게 해야 할까요? (②)

① 혼자 다닐 수 있다면 다니도록 한다.

② 다른 친구들과 함께 다니도록 한다.

③ 빨리 가기 위한 지름길을 찾도록 한다.

- 부모님과 함께 나왔다가 헤어졌을 때는 어떻게 해야 할까요? (②)

① 돌아다니면서 소리 지른다.
② 제자리에서 도움을 구한다.
③ 지나가는 어른들에게 도움을 구한다.

- 모르는 어른이 도와달라며 같이 가자고 할 때에는 어떻게 해야 할까요? (①)

① 따라가지 않고 다른 어른들에게 도움을 구한다.
② 따라가 본다.
③ 도망친다.

- 아동 혼자 집에 있는데 누군가 찾아왔다면 어떻게 해야 할까요? (③)

① 문을 연다.
② 혼자 있다고 밝혀야 한다.
③ 가만히 있어야 한다.

- 실종아동의 정의로 옳은 것은? (①)

① 지적장애를 가진 18세 미만 장애인과 아동을 포함하는 개념이다.
② 납치 · 유인 · 유기 사고를 당하거나, 가출 · 길을 잃는 등의 원인으로 발생한다.
③ 실종아동을 찾기 위한 국가의 책무는 법률로 규정되어 있다.
④ 지적장애인 · 자폐질환자의 경우 아동 · 청소년 · 성인 모두가 실종아동에 프함이 된다.

- 지적장애아동의 실종을 막기 위한 방법으로 옳지 않은 것은? (②)

① 아동들만 모여 있는 공간에서도 반드시 보호자가 동반한다.

② 아동이 부모를 붙잡고 따라 오도록 한다.

③ 아동을 부모의 앞에 두어 시야 안에 들어오도록 관리한다.

④ 아무리 짧은 시간이라도 혼자서 기다리게 하지 않는다.

사. 교통안전

- 어린이 교통사고 중 가장 많이 발생하는 사고 유형은 무엇입니까? (2)

① 횡단보도 사고

② 무단횡단 사고

③ 버스 앞. 뒤 횡단사고

④ 갑자기 뛰어들기 사고

- 횡단보도는 어느 쪽으로 걷는 것이 가장 안전할까요? (3)

① 왼쪽

② 중앙

③ 오른쪽

④ 대각선

- 길을 건널 때 항상 손을 들고 「차량 멈춤」을 확인하고 건너야 합니다. 다음 중 도로를 건널 때 어린이가 꼭 지켜야 되는 가장 중요한 원칙은 무엇입니까? (3)

① 횡단보도 오른쪽에서 걷기

② 뛰지 않고 천천히 건너기

③ 운전자와 눈 맞추기

④ 항상 우선 멈추기

● 길을 건널 때는 손을 들고 건너야 합니다. 손을 드는 이유는 운전자에게 [제가 먼저 갈테니 멈춰 주십시오] 라고 이야기 하는 것입니다. 그러면 횡단보도 상에서 손은 어느쪽 손을 어떻게 들어야 합니까? (4)

① 왼손을 하늘 높이 번쩍 든다.

② 왼손을 운전자를 보며 45° 각도로 들고 계속 건너간다.

③ 오른손을 하늘 높이 번쩍 든다.

④ 처음에는 왼손을 반쯤 지나서 오른손을 운전자를 보며 45° 각도로 들어 준다.

● 신호등 없는 횡단보도를 가장 안전하게 건너는 방법은? (3)

① 무조건 빨리 뛰어 간다.

② 손을 든 다음 빨리 뛰어 간다.

③ 운전자에게 손을 든 다음 차량 멈춤을 확인하고 천천히 건너간다.

④ 차가 안 올 때까지 기다린 다음 급하게 뛰어 건넌다.

● 체격에 맞는 자전거는 어떤 크기의 자전거인가요? (3)

① 자전거와 어린이 키가 같을 때

② 자전거 안장과 어린이의 눈높이가 일치할 때

③ 어린이가 안장에 앉아서 발이 땅에 닿을 때

④ 자전거를 눕혀 놓고 어린이 키와 같을 때

- 공놀이를 하다 공이 찻길로 굴러갔습니다. 어떻게 하면 될까요? (2)

① 위험한 찻길로 갔으므로 공을 줍지 않고 그냥 간다.
② 찻길에서 일단 멈춘 다음 차가 오지 않을 때 천천히 공을 주우러 간다.
③ 빨리 뛰어가서 공을 주워온다.
④ 찻길에서 멈춘 다음 빨리 뛰어 공을 주워온다

- 어린이 보호구역은 일반적으로 학교의 정문 출입구로부터 몇m를 지칭합니까? (3)

① 100m
② 200m
③ 300m
④ 500m

- 교통사고예방을 위하여 비올 때 주의사항이 아닌 것은? (2)

① 우산이 앞이 보이는 투명우산이 좋다
② 우산은 눈높이와 똑같이 들어 준다.
③ 횡단보도에서 1～2보 정도 뒤로 떨어져 있는다.
④ 비, 바람에 모자가 차도로 날려도 급하게 뛰어들지 않는다.

- 녹색불이 깜박일 때의 안전한 행동방법이 아닌 것은? (3)

① 횡단보도에 왔을 때 녹색불이 깜빡거리면 다음 신호에 건너간다.
② 건너는 도중 깜빡거리면 차를 보면서 빨리 건넌다.
③ 신호가 곧 바뀌므로 급하게 뛰어 건넌다.
④ 주위를 살피면서 차를 보면서 천천히 걷는다.

• 내 자녀의 교통사고예방을 위하여 가장 중요한 항목은? (1)

① 가정에서의 꾸준한 교통안전교육

② 법규위반차량에 대한 강력한 단속

③ 정부의 과감한 재정투자

④ 운전자의 안전교육 강화

• 차를 보면서 보행하는 것과 차를 등지고 보행하는 것의 위험도는? (1)

① 차를 등지고 보행하는 것이 사고위험이 4배 높다.

② 차를 등지고 보행하는 것이 사고위험이 2배 높다.

③ 차를 보면서 보행하는 것이 사고위험이 4배 높다.

④ 차를 보면서 보행하는 것이 사고위험이 2배 높다.

• 고속도로 상에서의 안전벨트 착용에 대한 설명 중 가장 올바른 것은? (3)

① 운전자만 매면 된다.

② 운전자와 조수석에 탄 사람만 매면 된다.

③ 승차한 모든 사람들이 다 매야한다.

④ 어른들만 매면 된다.

• 선진국에서 어린 자녀가 교통사고 날까 불안하면 자녀에게 3가지 습관을 기르도록 교육하고 있다. 다음 중 3가지 습관에 들지 않는 것은? (4)

① 우선 멈추는 습관

② 운전자와 눈 맞추는 습관

③ 차를 계속 보면서 건너는 습관

④ 무단횡단하지 않는 습관

- 좁은 골목길에서 차가 오고 있을 때 어떻게 행동해야 옳은가요? (3)

① 차를 피하기 위하여 빨리 뛰어 간다.

② 뒤로 돌아간다.

③ 우선 멈춘 후 벽 쪽으로 붙는다.

④ 차를 보며 천천히 걸어간다.

- 다음 중 스쿨존에 해당되는 지역이 아닌 것은? (4)

① 초등학교

② 유치원

③ 100인이상 어린이집

④ 노인정, 노인대학

- 우산은 어느쪽 손으로 들어 주는 것이 안전한가요? (2)

① 왼쪽 ② 오른쪽

- 카시트 착용 의무에 관해 도로교통법 (제 50조 1항 본문)에 〈자동차(이륜자동차 제외)의 운전자는 자동차를 운전할 때 좌석안전띠를 매야 하며, 그 옆 좌석의 동승자에게도 좌석안전띠[유아(*세 미만인 사람)인 경우에는 유아보호용 장구를 장착한 후의 좌석안전띠를 말함]를 매도록 해야 한다.〉고 명시되어있다.
  *에 들어갈 숫자로 알맞은 것은? (4)

① 3세 ② 4세 ③ 5세 ④ 6세

- 신호등의 설명 중 틀린 것은? (3)

① 보행자용 신호등은 4각형이다.

② 차량 신호등은 동그라미이다.

③ 보행자가 건널 수 있는 불은 빨간 불이다.

④ 노랑 불은 「다음신호에 건너가시오」를 말한다.

- 다음 국가 중 초등학교 1-2학년 때 보행안전교육 후 시험 합격 시 보행자 면허증을 주는 나라는? (2)

① 영국　　② 프랑스　　③ 네덜란드　　④ 미국

어린이 안전 365일

초판인쇄 2022. 06. 20
초판발행 2022. 06. 30
지 은 이 허 억
펴 낸 이 배 병 호

펴 낸 곳 도서출판 신원
등록번호 제 22-999호
주 소 서울시 중구 동호로8길 13 유현빌딩 4F
전화번호 02-2231-2882 F. 02-2231-2883
E-mail sinwon21@korea.com

I S B N 978-89-87884-99-8
정 가 16,000원

이 저서는 2021년도 가천대학교 교내 연구비 지원에 의한 결과임 (GCU-202102620001)
This work was supported by the Gachon University research fund of 2021 (GCU-202102620001)